Stefan Fleischer

AF281523

Heiligkeit für Anfänger
Ein Wegbegleiter

Neuauflage 2011

Dieses Werk erschien 2006 im Stella Maris Verlag, D-86156 Augsburg. ISBN 3-934225-41-1

Nachdem dieser Verlag aufgelöst wurde, habe ich mich entschlossen, die weitere Lieferbarkeit auf diesem Weg sicher zu stellen. Dies erlaubt es auch, das Werk zusätzlich als E-Book herauszugeben.

Stefan Fleischer

Heiligkeit für Anfänger

Ein Wegbegleiter

Bibliografische Information der Deutschen Bibliothek: Die Deutsche Bibliothek verzeichnet diese Publikation in der Deutschen Nationalbibliografie; detaillierte bibliografische Daten sind im Internet über http://dnb.ddb.de abrufbar

Herstellung und Verlag:

Books on Demand GmbH, Norderstedt

© 2011 Stefan Fleischer
http://www.stefanfleischer.ch

Titelbild: Strand von Grado, I
© Stefan Fleischer

ISBN-13: 9783844809497

Auch als E-Book erhältlich

EINLEITUNG

Ein Rechtfertigungsversuch

Schon mehrmals habe ich begonnen, eine Anleitung auf den Weg zur Heiligkeit zu schreiben, und diese Texte immer wieder verworfen. Allzu stark habe ich dabei immer an die anderen gedacht, glaubte ich, andere auf diesem Weg führen zu können. Wie der Arbeitstitel "Heiligkeit für Anfänger", den ich nun aus einer neuen Sicht heraus beibehalten habe, sagt, wollte ich Anfängern helfen im Glauben, ihnen voraus sein, und sei es noch so wenig. Je mehr ich mich aber mit dem Thema beschäftigte, um so deutlicher merkte ich, dass die meisten meiner Mitmenschen mir auf diesem Weg - oftmals ein rechtes Stück - voraus sind. So möchte ich denn diesen neuen Versuch wagen, nicht mehr um andere zu führen, sondern einfach um meine Gedanken und Erfahrungen zu sammeln und zu verarbeiten und mir selber den Weg vorzuzeigen, mich selber zu führen. Dabei will ich nicht nur von meinen eigenen Erfahrungen profitieren und von meinen Fehlern lernen, sondern auch das aufnehmen, was andere mir bieten, wo ich von anderen profitieren und lernen kann.

Sollten auch andere von diesen Zeilen profitieren, so will ich dies dankbar annehmen und versuchen, meinen Stolz zu zügeln. Gott bewirkt die Heiligkeit. Und welche Mittel er in seiner weisen Pädagogik für jeden Einzelnen dazu benutzt, liegt allein in seinem Ermessen, in seiner allwissenden Fürsorge für jeden einzelnen Menschen. Auch ich habe auf meinem bisherigen Weg viele Gedanken und Bilder aufgenommen, die andere vor mir gefunden und übermittelt haben. Vieles davon wird in diesen Seiten wieder auftauchen. Leider habe ich die Quellen nicht notiert, so dass ich sie nicht angeben kann. Vieles davon ist mir inzwischen auch so vertraut geworden, dass ich gar nicht mehr weiß, dass es nicht meine eigenen Gedanken sind. Anderes ist nur neu gedacht, aufgefrischt, wie ein altes Bild, das der Restaurator versucht in seinem alten Glanz wieder herzustellen.

Was ist eigentlich Heiligkeit?

Bevor wir uns jedoch auf irgend einen Weg machen, müssen wir uns überlegen, wohin er führen soll. Bevor ich mich wieder einmal neu auf diesen Weg der Heiligkeit mache, muss ich mir überlegen, was Heiligkeit eigentlich ist. Es gibt viele Definitionen: Nachfolge Christi zum Beispiel, Frömmigkeit, ein gerechtes Leben, Liebe zu Gott und Liebe zum Nächsten, um nur einige zu nennen. In jeder steckt ein Stück der Wahrheit, jede kann für den einen oder anderen in der konkreten Situation seines Lebens zum Schwerpunkt werden. Eine Definition spricht mich persönlich sehr stark an: "Heiligkeit ist die tiefe Beziehung zu Gott!" Sie scheint mir die umfassendste zu sein. In dieser Aussage sind alle anderen eingeschlossen.

Eine Beziehung ist nie einseitig. Genau so wenig ist dies auch die Heiligkeit. Sie ist weder einseitig das Werk Gottes, obwohl sie doch Gnade ist, noch einseitig unser Werk und Verdienst. Heiligkeit ist Beziehung, das wunderbare und unergründliche Zusammenspiel von Gott und Mensch, von Gnade und Bemühen. So wenig es eine "selbstgestrickte" Heiligkeit gibt, so wenig gibt es eine Heiligkeit ohne menschliches Zutun.

Jede Beziehung ist verschieden, weil jeder Mensch verschieden ist. So ist auch jede Heiligkeit verschieden. Der eine Partner, Gott, ist zwar überall der gleiche. Der andere aber, der Mensch, um so vielfältiger, wie es dem Schöpferwillen Gottes entspricht. Gott in seiner Allmacht und Größe aber ist in der Lage, auf jeden einzelnen einzugehen, mit ihm genau die Beziehung zu leben, die seinem Wesen entspricht.

Deshalb ist Heiligkeit auch etwas sehr Individuelles. Ja, meine Heiligkeit ist um so größer, je besser sie meinem Wesen und dem Willen Gottes mit mir entspricht. Deshalb kann man Heiligkeit auch nicht reproduzieren. Weder ist es möglich, ein Vorbild, einen Heiligen, zu kopieren, noch ist es möglich anderen ins Detail vorzuschreiben, wie ihre Heiligkeit auszusehen hat, was für sie Heiligkeit bedeutet und was nicht.

Diese Ansätze werden sich im Verlauf der Arbeit noch erhärten und erweitern. Wir alle haben doch schon die Erfahrung gemacht, dass sich das Ziel um so deutlicher herausstellt, je weiter wir auf unserem Weg vorankommen.

Was oder wer ist Gott?

Eine Beziehung aufbauen kann ich nur zu jemandem, den ich kenne. In diesem Satz tönt bereits das wahrscheinlich Wichtigste eines jeden christlichen Gottesbegriffes an. Gott ist Person. Dass dieser Gott ein Gott in drei Personen ist, spielt für meine Beziehung zu ihm selbstverständlich eine wichtige Rolle. Aber zunächst möchte ich mich auf die Personenhaftigkeit Gottes an sich konzentrieren.

Würde ich nicht an die Person Gottes glauben, wäre Gott für mich einfach irgend ein Wesen, eine höhere Macht, das Zentrum des Universums oder das Innerste meines Lebens, wie könnte dann eine echte Beziehung zu einem solchen Gott entstehen? Ein vager Gott erlaubt höchsten ein vages Gefühl ihm gegenüber. Nur eine konkrete Person kann mit mir - und ich mit ihr - in Kontakt treten. Nur als Person kann Gott mich als Person ernst nehmen wie auch ich umgekehrt Gott nur als Person wirklich ernst nehmen kann.

Zu jeder echten Beziehung aber gehört, dass sich die Partner ernst nehmen. Es ist ein herrlicher Gedanke, dass Gott mich ernst nimmt. Konsequenz davon aber ist, dass ich mich bemühe, Gott ernst zu nehmen. Dass dies nicht ganz so leicht ist, habe ich schon öfters erfahren. Es bedingt, dass ich mir einerseits eine konkrete Vorstellung von Gott mache. Andererseits aber darf ich Gott in seiner Größe nicht in meine Vorstellungswelt hinein zwängen. Das bedeutet, dass diese Vorstellung von Gott einerseits sehr konkret und andererseits sehr offen für das noch Größere, ich möchte fast sagen für die "Überraschung Gott" sein muss. Ich glaube, auch das wird noch weiter zu vertiefen sein.

Wer ist also Gott? (Die Frage nach dem "was" erübrigt sich wohl.) Wer ist diese Person, beziehungsweise wer ist dieser Gott in drei Personen? Das Geheimnis der Dreieinigkeit kann ein tiefer Schlüssel zu Gott sein. Einerseits zeigt es uns Gott sehr konkret in drei einzelnen Personen, in einer Form also, die unserem Verstand, unserem Gefühl und unserer Erfahrung entgegenkommen. Andererseits verhindert das Geheimnis des einen Gottes, dass ich diese Personen allein für meine Welt, für meine persönliche Vorstellung und meinen Bedarf vereinnahme. Gott der Dreieine kann mir so sehr nahe sein, ohne seine Größe und Ferne aufzugeben.

Diese Überlegungen zu Gott sollen im Augenblick genügen. Wichtig ist, dass diese Heiligkeit, zu der ich neu aufbrechen möchte, eine tiefe, das heißt möglichst echte Beziehung zu diesem einen Gott in drei Personen ist.

Wege zur Heiligkeit

So wie es verschiedene, ganz persönliche Arten der Heiligkeit gibt, so gibt es auch verschiedene, ganz persönliche Wege dazu. Mein eigenes Leben verläuft nie geradlinig, nur auf einer Spur. Deshalb gibt es auch für jeden Menschen verschiedene Wege zur Heiligkeit, Wege, die sich ergänzen, von denen je nach Zeit und Umstände der eine oder andere in den Vordergrund tritt. Das darf nicht erstaunen oder gar irritieren. Wer sich selbst beobachtet weiß, wie vielschichtig sein eigenes Wesen ist. Und jede dieser Schichten hat ihren eigenen Weg zur Heiligkeit. Heiligkeit umfasst immer den ganzen Menschen. So kommt es, dass wir manchmal den Eindruck erhalten, mehrspurig auf unser Ziel zuzulaufen.

In einem ersten Teil werden diese verschiedenen Wege gruppiert.

Konkrete Schritte

Jeder Weg besteht auf vielen, konkreten Schritten. Jeder Weg beginnt mit einem ganz konkreten ersten Schritt. Je nach den Umständen, den äußeren wie den inneren, können diese Schritte unterschiedlich sein, bergan kürzer und langsamer, bergab schneller, manchmal zügig, manchmal schleppend. Auch der Weg zur Heiligkeit besteht aus solchen Schritten.

Im zweiten Teil möchte ich versuchen, solche Schritte aufzuzeigen, wie sie aussehen könnten, wie sie erfolgreich einzusetzen wären.

Stolpersteine auf dem Weg

Auf jedem Weg gibt es Stolpersteine, auch auf dem Weg zur Heiligkeit. Diese sind besonders dann gefährlich, wenn ich sie nicht bemerke, weil ich sie nicht kenne oder wenn ich nicht auf den Boden der Wirklichkeit achte. Wenn ich meine Augen nur nach oben gerichtet habe, dann kann es leicht passieren, dass ich plötzlich stolpere und auf die Nase falle. Ein kleiner Stein kann meinem Fuß den Halt nehmen.

Im dritten Teil möchte ich versuchen, ein paar dieser Stolpersteine zu sammeln, über die ich selber schon gestolpert bin, oder die mir bei anderen auffallen.

Schluss und Anfang

Wenn ich mir all das überlegt habe, dann bleibt mir nichts anderes übrig, als mich selber auf den Weg zu machen. Ich weiß, das ist leichter gesagt als getan. Dass ich all diese Gedanken schriftlich niedergelegt habe soll mir helfen, tatsächlich auch zu beginnen und immer neu zu beginnen, wenn dies nötig ist. Ich kann gewiss sein, Gott ist immer bei mir mit seiner Kraft und seiner Hilfe. Er schenke mir jene Offenheit für ihn, die sein Wirken in mir zur Entfaltung bringen kann.

WEGE ZUR HEILIGKEIT

Leben mit Gott

Wenn Heiligkeit die Beziehung zu Gott ist, dann ist eine Grundvoraussetzung dafür ein Leben mit Gott. Vor vielen Jahren erzählte einmal ein Prediger in unserer Kirche: Immer, wenn er am Morgen aus dem Haus gehe, bete er: "Du bist bei mir, bleibe Du bei mir". Ich habe diese Predigt zunächst vergessen. Vor einiger Zeit, als ich mich aufmachte meinen Glauben wieder etwas intensiver zu leben, kam sie mir plötzlich wieder in den Sinn. Ja ich merkte, dass diese Predigt eines der Schlüsselerlebnisse meines Lebens war.

Auf dem Weg zur Heiligkeit geht es doch zuerst einmal darum, sich Gott überhaupt bewusst zu werden. Heiligkeit wäre dann, immer und jederzeit im Bewusstsein der Gegenwart Gottes zu leben. "Du bist bei mir, Gott!" Diese Feststellung sollte mich eigentlich immer begleiten. Unser Glaube lehrt die Allgegenwart Gottes. Wenn ich heute darüber nachdenke, was das bedeutet, dann geht mir auf, dass es eigentlich nichts anderes ist als dieses "Du bist bei mir!" - gültig für jeden Menschen in jeder, auch der banalsten Situation. "Du bist bei mir, Gott!" gilt also immer, auch in den alltäglichen Momenten des Lebens, nicht nur am Morgen, wenn ich aus dem Haus gehe, schon im Schlaf der Nacht und beim Erwachen, beim Waschen und Anziehen, beim Essen, einfach immer und überall. Wäre ich mir dieser Allgegenwart Gottes besser bewusst, wie viel in meinem Leben würde sich ändern! Nein, nicht dass ich meinen Beruf aufgeben, meinen Ehepartner verlassen, oder sonst irgend etwas Großes oder Außerordentliches tun müsste. Das Leben ginge ganz normal weiter. Und doch wäre alles ein wenig anders, ein wenig überlegter, ein wenig bewusster, etwas weniger egozentrisch. Mein kleines "Ich" wäre dann plötzlich nicht mehr so oft allein wichtig. Es gäbe da noch ein anderes "Ich", ein "Du", das bei mir, das neben mir ist, das mich begleitet.

Dieses ständige Gottesbewusstsein aber ist nicht einfach und schon gar nicht in kurzer Zeit lernbar. Darum folgt dem "Du bist bei mir!" immer auch gleich die Bitte: "Bleibe Du bei mir!" Das ist kein Widerspruch. Gott ist bei mir, immer und überall. Aber er muss in meinem Bewusstsein bleiben, er muss mich in einem gewissen Sinn immer wieder an seine Gegenwart erinnern. Ich habe vor kurzem einmal einem frisch verliebten Paar zugeschaut. In regelmäßigen Abständen fragten sie sich: "Hast Du mich immer noch gern?" Es war ein ständiges sich dem anderen in Erinnerung rufen. Irgendwie habe auch ich es nötig, dass sich Gott mir immer wieder in Erinnerung ruft. Er tut dies auch, auf vielfältige Art und Weise. Wenn ich nun bete: "Bleibe Du bei mir!", dann ist dies nichts anderes als der Versuch, aufmerksam zu werden auf das "Hast Du mich immer noch gern?" Gottes an mich.

Ein anderes noch lehrt mich dieses Bild des verliebten Paares. Immer wieder passieren Dinge, die der andere nicht besonders schätzt, die er vielleicht sogar falsch versteht. In dieser Situation den anderen zu akzeptieren, gilt auch bei Gott. Auch er erinnert sich uns manchmal durch Situationen, die wir nicht besonders schätzen, auch ihn können wir nicht immer verstehen. Aber selbst dann sollte ich die Stimme hören: "Hast du mich immer noch gern?" Eigentlich sollte ich in jeder Situation diese Stimme hören. Und dies lässt sich üben. Begonnen habe ich persönlich damit, dass ich mich fragte, warum ich mich eigentlich so sehr dafür interessiere, was schon wieder passiert sei, wenn ich das Jakobshorn der Polizei oder der Feuerwehr hörte. Dann habe ich mich bemüht jedes Mal zu beten, Gott möge diesen Einsatz segnen, diejenigen, die ihn leisten und diejenigen, die davon betroffen sind. Wenn mir das gelang, dann war meine Neugierde schnell einmal vorbei. "Du bist bei mir!" Das Bewusstsein, dass dieses Du auch bei den anderen ist, hilft, mich nicht einzumischen, wo ich nichts zu suchen habe, wo es mich nichts angeht, wo ich nur hinderlich wäre.

Solche Übungen, lassen sich auch in anderen Situationen verwirklichen. Einen Menschen, der mir auf den Nerv geht, Gott zu empfehlen, ist eine Möglichkeit; für das, was mich gerade jetzt erfreut, Gott zu danken, eine andere. Und jedes Mal, wenn mir so etwas gelingt, ergibt sich daraus ein ganz anderes, ein neues Lebensgefühl, ein Gefühl wie bei Jungverliebten. Dann merke ich, dass er zu mir sagt: "Hast Du mich immer noch gern?"

Gott als Person begegnen

Um mit Gott zu leben, muss ich Gott als Person anerkennen. Das klingt selbstverständlich und ist es auch. Doch im konkreten Leben wird es manchmal schwierig. So kann für mich Gott eine Kraft sein, eine höhere Macht. Und er ist es auch, aber eben als Person. Oder Gott kann für mich Liebe und Güte sein. Auch das ist nicht falsch, wenn ich dabei nicht seine Person vergesse. Ich kann Gott auch in mir finden, oder in meinem Nächsten. Aber gerade hier ist die Gefahr groß, dass ich vergesse, dass schlussendlich Gott als selbständige Person, als Persönlichkeit, von mir oder vom Nächsten unabhängig existiert. Es geht darum, immer zuerst einmal Gott als Gott anzuerkennen, bevor ich mich um einzelne Eigenschaften Gottes oder einzelne Möglichkeiten kümmere, Gott zu erfahren. Es geht im Grunde genommen darum zu glauben. Glaube ist eben nicht einfach wissen. Glauben heißt anerkennen, bewusst "Ja" sagen zu dem, was Gott über sich geoffenbart hat. Zu dieser Offenbarung gehört ganz entscheidend die Aussage: "Ich bin der Herr, dein Gott!"

"Ich bin" sagt Gott. In dieser Aussage ist die ganze Personalität Gottes enthalten. Gott ist, wie er ist, unabhängig davon, was ich von ihm weiß und wie ich ihn sehe. "Ich bin der Herr!" sagt Gott, und legt damit das Verhältnis zwischen ihm und mir fest. Wenn er auch noch so sehr Liebe und Güte ist, er ist der Schöpfer und deshalb der Herr. Er mag mir noch so nahe sein. Er ist doch immer größer und wichtiger. "Ich bin dein Gott", sagt er und verkündet mir so seine Ewigkeit und Unbegreiflichkeit. Die Tatsache, dass er ist, dass er existiert, macht ihn zwar irgendwie fassbar für mich. Dass er aber Gott ist, begründet die Distanz zwischen mir und ihm, zwischen dem Endlichen und dem Unendlichen, eine unüberwindbare Distanz, unüberwindbar zumindest von meiner Seite her.

Glaube ist auch nicht einfach erfahren. Wie ich Gott erfahre, hängt immer zuerst einmal von mir selber ab. Ich erfahre einen Menschen, ich erfahre auch Gott immer in einem konkreten Rahmen, in meiner gegenwärtigen Stimmung, in meiner aktuellen menschlichen, wirtschaftlichen, sozialen und körperlichen Situation, das heißt mit meinem ganzen Körper und meiner ganzen Psyche, mit all dem, was sich immer wieder mehr oder weniger ändern kann. Meine Erfahrung von einem Menschen, aber auch meine Erfahrung von Gott, ist also immer zuerst einmal ein Produkt meiner selbst. Meine eigenen Grenzen sind es, die der Erfahrung des anderen die Grenzen setzt, also auch der Erfahrung Gottes. Doch über diese Grenzen hinaus geht, was der andere mir über sich mitteilt. Einen Menschen kann ich in seiner Tiefe nur soweit einigermaßen kennen, als es ihm gelingt, sich mir mitzuteilen. So kann ich auch Gott nur dann einigermaßen erkennen, wenn es mir gelingt, die Selbstoffenbarung Gottes, die er mir schenkt, in ihrer ganzen Tiefe zu akzeptieren. Das aber heißt nichts anderes, als zu glauben.

Glaube heißt also immer zuerst einmal "Du bist der Herr, mein Gott!" Glaube heißt also, immer zuerst Gott als Gott anzuerkennen, das heißt als eine Person, die mich in jeder Beziehung übersteigt, die mir aber immer nahe ist, die sich mir mitteilt. Gott ist also immer zuerst ein "Du". Was das heißt, das lernen wir wiederum am besten bei wahrhaft verliebten Menschen. Ein "Du" ist für mich immer nur so viel wert, als ich bereit bin als "Ich" zurückzutreten. Gott als "Du" ist für mich immer nur so viel wert, als ich bereit bin, mein "Ich" vor ihm zurückzunehmen. Dies sollte eigentlich bei Gott viel einfacher sein, als bei einem Menschen. Ich muss nur wahrhaft glauben, dass Gott Gott ist, und nicht einfach irgend etwas.

Und Gott ist eine Person, die ganz real, nicht einfach nur als Reaktion auf mich, auf uns Menschen handelt. Das heißt: Gott handelt. Sein Handeln ist immer zuerst in ihm selber begründet. Es ist immer sein Entscheid, sich mir zuzuwenden, selbst wenn ich immer dieser Zuwendung sicher sein kann. Es ist sein Wunsch, mir zu helfen, auch wenn ich voll auf seine Hilfe vertrauen kann. Es ist aber auch sein Entscheid, wie er sich mir zuwenden und wie er mir helfen will. Der Glaube daran, dass er allwissend und allmächtig ist, kann mir helfen seine Entscheide zu akzeptieren, auch dort, wo ich sie nicht verstehe. "Du bist der Herr, mein Gott", das ist die Grundlage der Heiligkeit. In diesem Bekenntnis gründet sich meine ganze Beziehung zu ihm.

Das Gebet

Es ist selbstverständlich, dass das Gebet zur Heiligkeit gehört, so wie das Atmen zum Leben. Darum ist das Gebet auch der erste Weg zur Heiligkeit, wenn wir einmal den Glauben voraussetzen. Doch was ist eigentlich Gebet? Wir müssen unterscheiden zwischen den einzelnen Formen und dem, was allem Beten gemeinsam ist, gemeinsam sein sollte.

Wenn man von den Formen des Gebetes spricht, so kann man von verschiedenen Gesichtspunkten ausgehen. So sprechen wir einerseits vom persönlichen, andererseits vom gemeinsamen Gebet. Oder wir sprechen von Gebetsformeln einerseits, und vom freien Gebet andererseits. Wir sprechen auch von Liturgie und hier vom heiligen Messopfer einerseits und dem Stundengebet der Kirche, andererseits sprechen wir von Segnungen, Andachten und so weiter. Auch der Gesang, sei es der Gesang der Mönche und Nonnen, der Gesang des Kirchenchores oder der Volksgesang, ist eine Form des Gebetes. Eine andere Unterteilung spricht vom Bitt- und Dankgebet sowie vom Lobpreis Gottes. Und hier muss auch die Anbetung erwähnt werden. Auch die Meditation kann eine Art Gebet sein, wie die Lesung - vornehmlich die Lesung der Heiligen Schrift, aber auch das Lesen anderer Texte, die uns Gott näher bringen.

Andererseits sprechen wir auch von zeit- und tätigkeitsabhängigen Gebeten, dem Morgen- und

Abendgebet z.B., dem "Angelus", dem Tischgebet und dem Schulgebet und warum auch nicht von einem Büro oder Arbeitsgebet? Daneben lädt uns die Kirche ein, das ganze Kirchenjahr durch entsprechende Gebete mit zu leben und unsere Verehrung, unser Bitt- und Dankgebet um die Fürsprache der Heiligen in Worte und Übungen zu kleiden.

Bei alledem aber geht es immer um die Beziehung zu Gott. Gott will in meinem ganzen Leben präsent sein. Er schenkt uns deshalb auch diese Vielfalt an Formen des Gebetes, damit wir in jeder Situation und in jeder Umgebung diese Beziehung pflegen können. Von bestimmten Heiligen sagt man, sie hätten das immerwährende Gebet gepflegt, und meint damit, dass ihr Herz und ihre Gedanken in all ihrem Tun und Lassen, beim Reden wie im Schweigen, immerfort bei Gott waren. Von einer solch intensiven Beziehung können die meisten von uns im Augenblick nur träumen. Ich glaube aber, davon träumen, sich danach sehnen, sich darum bemühen, in kleinen Schritten, trotz aller Rückschläge, das ist es, was Gott von uns erwartet, das ist der Anfang des Weges zur Heiligkeit.

Dieses immerwährende Gebet würde all unser Tun, Denken und Wünschen, Reden und Schweigen, die Kontakte zu den Mitmenschen, einfach alles durchdringen und so eine Ruhe, eine Zufriedenheit, eine Dankbarkeit schenken, wie sie die Welt mit all ihren Angeboten nicht zu schenken vermag. Doch Gott schenkt dies nicht einfach. Er schenkt die Fähigkeiten, die Anlagen dazu. Diese aber zu nutzen, meine Kräfte zu trainieren, das ist meine Aufgabe. Dabei kann ich sicher sein, dass vor Gott dieses "Training" mehr zählt, als die Erfolge, dass die Mühe wertvoller ist als die erreichte Perfektion. Gott weiß, zu was ich fähig bin. Das ist natürlich immer ein wenig mehr, als ich mir selber zutraue. Schlussendlich aber darf ich auf seine Hilfe vertrauen. Und manchmal denke ich mir, Gott hat mehr Freude daran, mir zu helfen, als an dem, was ich aus eigener Kraft erreiche.

Gebet als Beziehung zu Gott, Heiligkeit als Beziehung zu Gott. In diesem Sinn kann das Gebet als Heiligkeit oder zumindest als der erste und wichtigste Weg dazu verstanden werden. Dazu aber muss das Gebet wirklich Beziehung werden.

Sich als Person anerkennen

Eine wahre Beziehung gibt es nur zwischen Personen. Natürlich kann ich auch zu Tieren oder zu Dingen eine ganz bestimmte Beziehung haben. Die Beziehung aber, von der ich hier rede, ist nur zwischen Personen möglich. Deshalb muss ich nicht nur Gott als Person anerkennen. Ich muss auch mich selbst in dieser Beziehung als Person sehen und leben. Und ich kann sicher sein, dass auch Gott mich als Person akzeptiert.

Meine Person ist zuerst einmal meine Einmaligkeit. Ich bin für Gott nicht einfach eine Nummer unter vielen. Darum darf ich mich auch ihm gegenüber nicht einfach als einer unter vielen verstehen und benehmen, sondern muss meine Einzigartigkeit bewusst hineinbringen in diese Beziehung zu Gott. Diese Einzigartigkeit besteht einerseits darin, dass kein anderer Mensch zur gleichen Heiligkeit berufen ist wie ich, aber auch darin, dass kein anderer Mensch die gleichen Schwächen und Probleme mitbringt wie ich. Das heißt auch, dass ich mir zwar einen bestimmten Heiligen als Vorbild und Ideal wählen kann, am besten einen, der mir ähnlich ist. Aber ihn kopieren, das darf ich nicht und es würde auch nie gelingen.

Jede echte Beziehung ist einmalig. Auch eine echte Gottesbeziehung, eine wahre Heiligkeit ist es. In jede echte Beziehung bringt jeder seine Einmaligkeit und Einzigartigkeit ein. Die Einmaligkeit und Einzigartigkeit Gottes in dieser Beziehung macht mir weniger Mühe. Meine eigene Einmaligkeit in dieser Beziehung zu sehen und zu leben, schon etwas mehr. Das Problem ist, dass zu meiner Einzigartigkeit auch meine Schwächen, meine Fehler und Sünden gehören. Fehler und Sünden aber stehen im normalen Sprachgebrauch im Gegensatz zur Heiligkeit. Wenn ich aber Heiligkeit als Beziehung sehe und in diese Beziehung meine ganze Person einbringen soll, dann bringe ich auch meine Sünde und meine Schuld mit ein. Vielleicht muss ich glauben, dass gerade auch Sünde und Schuld zur Heiligkeit gehören. Die Unvollkommenheit meiner Person interessiert Gott an der Beziehung zu mir genau so, wie er meine Vollkommenheit wünscht. Das erlaubt ihm, Gott zu sein für mich, das erlaubt mir, Geschöpf zu sein vor ihm.

Wenn ich mich aber als einmalige Person vor Gott anerkenne, dann kann und muss ich auch jeden anderen Menschen als einmalige Person vor Gott anerkennen. Dann darf ich von niemandem erwarten, dass er die gleiche Beziehung zu Gott pflegt, die gleiche Heiligkeit lebt. Dann wird mir auch bewusst, dass ich nicht darüber urteilen kann, wer nun mehr oder weniger wert ist vor Gott, jener oder ich. Jeder hat seine Einzigartigkeit in dieser Beziehung zu Gott. Das ist es, was zählt, das ist es, was den Wert der Beziehung ausmacht, meiner eigenen Beziehung, aber auch der des anderen.

So gesehen kann ich mit dem Osterhymnus der Kirche auch von meiner Schuld als von einer "glücklichen Schuld" sprechen und singen, denn auch meine persönliche Erlösung gehört mit zu dieser Beziehung, die Gott mir anbietet, die ich annehmen und pflegen darf. Ich bin nun einmal eine menschliche Person. Je mehr ich mich dessen bewusst werde, desto besser werde ich auch meiner Sünde und Schuld bewusst. Sie gehört zu meiner Person, weil der Kampf zu meinem Leben gehört. Gott aber ist eine göttliche Person, genauer ein Gott in drei Personen, und zu diesem Gott gehört Vergebung und Verzeihung. In der Beziehung zu ihm bietet er sie mir an. Ich brauche sie nur zu akzeptieren. Vielleicht ist es das, was meine Beziehung zu Gott zur Heiligkeit werden lässt, seine Verzeihung, seine Erlösung anzunehmen.

Die Größe Gottes

Im Verhältnis von Sünde und Heiligkeit klingt etwas an, das auf dem Weg zur Heiligkeit für mich eine Grundlage, ein Fixpunkt geworden ist. Es ist die unfassbare Größe Gottes. Wenn ich von Sünde und Heiligkeit spreche, gerate ich ins Stammeln, stoße ich überall an Widersprüche. Das ist typisch für unser Reden von Gott. Schon wenn wir von einem Menschen sprechen, haben wir Mühe, ihn klar zu definieren, ihn genau einzuordnen, präzise zu sagen was oder wer und wie er ist. Das gilt auch für unser Reden über uns. Ich selbst bin mir immer wieder ein Rätsel. Wenn wir aber über Gott nachdenken, von Gott reden, dann spüren wir noch viel deutlicher, wie unfassbar er ist.

Dabei sagt uns unser Glaube, dass nicht er es ist, der im Widerspruch zu sich selber steht. Er ist auch nicht wandelbar wie wir. Er ist aber so allumfassend, dass er uns oft als wandelbar und widersprüchlich erscheint. Das hängt mit unserer verstandesmäßigen, gefühlsmäßigen und zeitlichen Begrenztheit zusammen. Ich kann nichts und niemanden gleichzeitig von allen Seiten betrachten. Aus meiner zeitlichen und räumlichen Begrenztheit heraus stehe ich immer einer bestimmten Seite des anderen gegenüber. So sehr ich mich auch bemühe, seine anderen Seiten kann ich nicht direkt sehen. Ich kann nur versuchen, sie mir vorzustellen. Ich kann sie ableiten, aus dem was ich sehe und weiß. Irgendwie ähnlich ergeht es mir mit Gott.

Ich stehe Gott in meiner ganz konkreten Situation in Raum und Zeit gegenüber. Ich habe eine ganz konkrete Ausbildung, ein ganz bestimmtes Wissen über ihn. Ich habe ihn bisher in ganz konkreten Umständen erlebt und erfahre ihn im Augenblick aus meiner ganz persönlichen Stimmung und Prägung heraus. Wie aber Gott aus einer anderen Situation heraus "aussieht", das kann ich hier und jetzt nicht direkt sehen. Ich kann versuchen es abzuleiten aus meinem Wissen und früheren Erfahrungen. Das aber genügt nicht, gibt mir keine Sicherheit.

Bei Gott kommt dazu, dass es natürlich falsch ist zu sagen, ich stünde ihm gegenüber. Es ist zwar ebenfalls falsch, aber präziser wäre vielleicht zu sagen, ich stehe irgendwie in ihm. Das heißt, dass ich Gott gar nicht von außen betrachten kann. Vielleicht kann man Gott gar nicht betrachten, vielleicht kann ich von Gott einfach nur das annehmen, was er mir über sich offenbart. Das führt dazu, dass jeder Mensch sein eigenes Gottesverständnis hat - über das Verhältnis dieses Gottesverständnisses zur Offenbarung werden wir noch nachdenken müssen - und das wiederum erklärt, dass es so oft Meinungsverschiedenheiten über Gott gibt. Das führt auch dazu, dass jeder immer wieder ein anderes Gottesverständnis, einen anderen Zugang zu Gott hat. Einmal ist er mehr der gütige, dann wieder der gerechte Gott, einmal ist er mehr der große und ferne, dann wieder der nahe, einmal erfahre ich ihn in seiner Macht, dann wieder wird mir seine Ohnmacht, die Ohnmacht seiner Liebe, bewusst.

Wenn mir diese Vielfältigkeit Gottes bewusst wird, dann beginne ich seine Größe zu erahnen. Ich muss dann eigentlich nur noch glauben, dass er alles gleichzeitig ist, gütig und gerecht, fern und nahe, allmächtig und ohnmächtig zugleich. Dann kann ich mich bemühen die andere Seite nicht zu vergessen, wenn ich mich in eine konkrete Eigenschaft Gottes vertiefe. Dann wird mir bewusst, dass ich mich nicht an diesen oder jenen Aspekt Gottes klammern darf. Dann merke ich langsam, dass nur der vollständige Gott der wahre Gott ist, auch wenn ich diese Vollständigkeit weder ganz erfassen noch je ganz ausdrücken kann.

Der Glaube

Im Wissen um meine beschränkte Erkenntnis bekommt der Glaube einen sehr großen Stellenwert auf dem Weg zur Heiligkeit. Wenn ich Heiligkeit als Beziehung zu Gott definiere, und wenn ich weiß, dass eine Beziehung nur echt ist, wenn sie die ganze Person des anderen umfasst, dann muss ich möglichst viel über diese Person wissen. Wir haben aber gesehen, dass wir über Gott von uns aus eigentlich nichts Endgültiges wissen können. Gesichertes Wissen über Gott gibt es nur in der Offenbarung Gottes an uns. Nur im Glauben, im ganz bewussten "Ja" zu dieser Offenbarung erhalte ich solches Wissen über Gott.

Ich möchte hier nicht auf eine Beweisführung für die Offenbarung eintreten. Dazu reicht weder mein

Wissen noch meine Ausbildung. Wenn ich aber Christ bin, beziehungsweise sein will, dann glaube ich zuerst einmal, dass Gott sich uns geoffenbart hat, dass er zu mir sagt: "Ich bin der Herr, Dein Gott!" Dieser Glaube wirft dann die Frage auf, woher ich diese Offenbarung habe, da sich mir Gott ja nicht direkt und persönlich offenbart, zumindest nicht im Sinn einer Erscheinung oder dergleichen. Ich bin darauf angewiesen zu glauben, dass Gott sich seinem Geschöpf so offenbart, wie dieses Geschöpf ihn überhaupt erfahren kann. Der Mensch aber lebt und erfährt sein Leben in der Gemeinschaft. Darum offenbart sich Gott ihm in der Gemeinschaft, in der Gemeinschaft der Kirche. Wenn wir hier auf die Vielfalt Gottes zurückkommen, auf die Tatsache, dass niemand Gott ganz zu erfassen vermag, dann erklärt sich bis zu einem gewissen Grad die Vielfalt der Kirchen. Wenn wir aber die Größe Gottes sehen, dann ist für mich jene Kirche die echte, die diesen Gott in seiner größten Fülle verkündet, in jener Fülle, die mich einerseits massiv übersteigt, andererseits aber erlaubt die Beziehung zu Gott in jeder Situation meines Lebens zu pflegen bis hinein in Sünde und Schuld. Deshalb ist für mich die eine, heilige, katholische und apostolische Kirche jene Gemeinschaft, in der sich Gott mir offenbart, in der ich glaube.

Der Glaube an die Vielfalt Gottes - was ja nichts anderes ist als der Glaube an die Größe Gottes - kann helfen, meine Zweifel zu überwinden. Zweifel am Glauben, den mir die Kirche lehrt, entstehen doch meist, wenn ich ein einseitiges Gottesbild habe, wenn ich Gott auf eine ganz bestimme Aussage reduziere, wenn Gott nicht mehr ein Gott ist, der meinen Verstand übersteigt. Gott ist nur dann ganz Gott wenn ich ihn nicht ganz begreife. Ich denke hier immer wieder an das Geheimnis der Dreifaltigkeit. Ein Gott in drei Personen, das ist unbegreiflich. Aber gerade in diesem Geheimnis zerreißt Gott den Schleier seiner Existenz, soweit dies für uns Menschen überhaupt fassbar ist.

Der Glaube an die Vielfalt Gottes hilft mir auch, meinem Wissen über ihn den richtigen Stellenwert zu geben. Was ich weiß, muss ich nicht glauben. Wenn ich aber glaube, was ich nicht weiß, was ich nicht mehr begreife, dann werden mir die Grenzen meines Wissens bewusst, dann wird mir auch der Unterschied, der Rangunterschied zwischen Gott und mir bewusst. Wissen ist schön. Glauben ist schöner, beides aber gehört zu meinem Menschsein und zu meiner Beziehung zu Gott. Beides gehört zu meinem Weg der Heiligkeit.

Das Vertrauen

Glaube schafft Vertrauen. Wenn Gott sagt: "Ich bin der Herr, dein Gott!" und ich dies glaube, dann kann ich auch auf Gott vertrauen. Denn der Herr wird sein Geschöpf nicht verlassen, wenn ich ihn nicht verlasse. Die Rechtfertigung meines Vertrauens ist also einerseits der Glaube an Gott, andererseits mein Bemühen, in der Verbindung mit ihm, in einer Beziehung zu ihm, auf dem Weg der Heiligkeit zu bleiben. Dieses Vertrauen wird stark, weil ich glaube, dass Gott der Herr ist. Er ist der Mächtige, der Allmächtige. Alles, was er will, geschieht. Meine Antwort, mein "Du bist der Herr, mein Gott!" ist mir also immer wieder Grund und Stärkung im Glauben.

Ich glaube auch, dass Gott der Vater ist. Wer aber würde seinem Vater nicht vertrauen, auch dann, wenn er manchmal, vielleicht sogar oftmals, nicht das tut oder erlaubt, was ich mir wünsche. Mein Vater will nur das Beste für mich. Wenn ich wirklich glaube, dass auch mein Vater Gott nur das Beste für mich will, dann kann ich mich voll auf ihn verlassen, selbst dann, wenn ich manchmal nicht einsehe, warum und weshalb irgend etwas gut für mich sein soll.

Ich glaube auch an seinen Sohn, unsern Herrn und Erlöser. Wenn ich dies wirklich glaube, so kann ich doch auch darauf vertrauen, dass diese Erlösung auch mir zukommt, wenn ich nur will, wenn ich sie akzeptiere. Wenn ich glaube, dass Gott uns die Erlösung geschenkt hat durch das Leiden, den Tod und die Auferstehung seines Sohnes, dann kann ich darauf vertrauen, dann vertraue ich, dass er genau weiß, dass wir immer und immer wieder dieser Erlösung bedürfen, dass er sie mir immer und immer wieder bereit hält, dass ich jederzeit zurückkehren kann zu ihm, dass ich jederzeit die gestörte, ja sogar die zerstörte Beziehung zu ihm wieder aufnehmen kann. Dazu ist sein Sohn gekommen, uns dies zu offenbaren einerseits, diesen immerwährenden Heilsplan zu verwirklichen andererseits.

Ich glaube an den Heiligen Geist, den Herrn und Lebensspender, der vom Vater und vom Sohne ausgeht. Wenn ich dies wirklich glaube, dann vertraue ich auch auf die Weisheit Gottes, auf seine Führung und auf seine heilige, katholische und apostolische Kirche, meine Mutter und Lehrerin, die mich lehrt und leitet.

Gott ist der Herr. Reden wir nicht bei allen drei göttlichen Personen vom Herrn? Die Dreifaltigkeit ist ein Geheimnis. Gott kann von sich sagen: "Ich bin der Herr!", ob er nun als der Dreifaltige, als der Eine, oder als eine Person der Dreifaltigkeit spricht. Darum kann ich auch auf Gott vertrauen, ob ich mich an den Dreifaltigen, an den Einen oder an eine bestimmte Person der Dreieinigkeit wende. Gott ist der Herr. Meine Beziehung zu ihm ist die Beziehung zum Herrn. Weil er immer der Herr ist, kann ich jederzeit vertrauen. Weil er der Dreieine ist, kann ich in jeder Situation vertrauen. Weil er der Dreieine Herr ist, kann ich auf die verschiedensten Arten, in meiner ganz konkreten Situation auf ihn vertrauen. Ich kann vertrauen mit meinem ganzen Gefühl, mit meinem ganzen Verstand, mit meinem ganzen Herzen.

Glauben und vertrauen wird so für mich eines. Ich vertraue so stark, wie ich glaube. Ich glaube erst richtig, wenn ich auch vertraue. "Ich glaube an Dich, mein Herr, mein Gott!" heißt dann das Gleiche wie "Ich vertraue auf Dich, mein Herr und mein Gott!"

Die Liebe

Glaube und Hoffnung sind die beiden ersten göttlichen Tugenden, wichtige, ja entscheidende Wege zur Heiligkeit. Die dritte, nicht minder wichtige, nicht minder entscheidende ist die Liebe. Doch was heißt Liebe, was heißt Liebe zu Gott?

Liebe ist heute ein schillernder Begriff geworden, der alles Mögliche bedeutet. Eine präzise, allgemein anerkannte Definition dürfte kaum erhältlich sein. Wenn ich so nachdenke, dann fällt mir zuerst ein: "Liebe ist Alterzentrismus." Ich weiß nicht, woher der Begriff stammt. Er drückt aber ziemlich gut aus, was ich meine. Liebe stellt den anderen ins Zentrum. Liebe gibt dem anderen den Platz, den ich normalerweise für mich beanspruche. Wenn ich liebe, dann stelle ich mich auf den anderen ein, dann dreht sich mein Denken, Fühlen, Reden und Handeln um ihn. Dabei habe ich nie den Eindruck, dass ich selber zu kurz komme. Ja, diese Ausrichtung auf den anderen schenkt mir selber eine Erfüllung, die die Ausrichtung auf mich nicht zu geben vermag. Mein eigenes Ich, mein Leben, wird in einer solchen Liebe reicher, weiter, offener. Und dies um so mehr, je mehr der andere mir mit der gleichen Liebe erwidert.

Die Liebe zu Gott, so glaube ich, darf in diesem Sinn der Liebe zum Mitmenschen gleich sein. "Gottesliebe ist Theozentrismus", könnte man die obige Definition abwandeln. Diese Liebe stellt Gott ins Zentrum, lässt ihm den Platz in meinem Leben, den ich so gerne für mich selber beanspruche. "Du sollst den Herrn, deinen Gott lieben" heißt doch nichts anderes als das. Wenn ich Gott liebe, dann dreht sich mein ganzes Denken, Fühlen, Reden und Handeln um ihn, und zwar mehr noch als bei der Liebe zu einem Menschen. Der andere ist mir immer ein Gegenüber. Das ist auch Gott. Aber Gott ist noch mehr, er ist gleichzeitig in mir und ich bin gleichzeitig in ihm. Gott ist zudem der Herr, das heißt größer, wichtiger, entscheidender als ich. Gerade deshalb komme ich in der Gottesliebe selber nicht zu kurz. Vielmehr schenkt mir diese Liebe Möglichkeiten, mich selbst zu entfalten, reicher, weiter, offener zu werden, nicht nur für das Irdische, Zeitliche, sondern auch für das Göttliche, Ewige, die mir die Liebe zum anderen nicht oder nur ansatzweise zu geben vermag.

Wer sich selber ehrlich beobachtet, merkt, dass nichts so eng, so eingeschränkt, so einseitig ist wie das eigene "Ich". Deshalb ist auch nichts so unmenschlich und grausam wie eben dieses "Ich". Meist merkt man das zuerst bei anderen, bei Menschen, die stark egozentrisch leben. Aber wenn ich ehrlich bin, dann sehe ich dies auch bei mir, weil dieser Egozentrismus in jedem Menschen steckt, weil auch ich darin keine Ausnahme mache. Deshalb verlangt Gott, dass ich ihn liebe, damit ich wegkomme vom Ich, damit ich meinen Stellenwert erkenne, weil ich seinen anerkenne, damit ich wahrhaft menschlich lebe. Gott zu lieben ist die vollkommenste Art, Mensch zu sein.

Die Dankbarkeit

"Liebe ist ein anderes Wort für Dankbarkeit". Auch von diesem Ausspruch weiß ich nicht mehr, woher er stammt. Doch auch er drückt einen wichtigen Aspekt der Liebe aus, oder sollte man eher sagen, er drückt die obige Wahrheit in anderen Worten aus? Wenn ich die Dankbarkeit gegenüber dem anderen pflege, dann geschieht verschiedenes auf einmal. Zum einen gebe ich dem anderen den Platz in meinem Leben, der ihm gebührt, rücke ich ihn ins Zentrum, gebe ein Stück meines Egozentrismus auf, werde ich mir selber etwas weniger wichtig. Gleichzeitig aber werde ich mir in dem Sinn wichtig, als das Geschenk, die Handreichung oder was auch immer des anderen für mich enorm wichtig und wertvoll wird. Wenn ich Dankbarkeit pflege, steige ich vom hohen Ross herab und komme so dem anderen ein rechtes Stück näher. In der Dankbarkeit zeige ich, dass ich nicht unberührt bleibe, dass ich nicht unberührbar bin. Durch die Dankbarkeit zeige ich dem anderen auch seinen Wert, den Wert seines Tuns und Redens für mich und ermutige und ermuntere ihn so, weiter für mich da zu sein, wovon ich selber dann wieder reicher werde.

Dankbarkeit Gott gegenüber ist ebenfalls nichts anderes. Wenn ich Gott gegenüber dankbar bin, dann gebe ich ihm den Platz in meinem Leben, der ihm gebührt, dann anerkenne ich, dass alle guten Gaben - auch diejenigen, die ich im Augenblick nicht als solche erkenne - schlussendlich von ihm stammen. Dadurch gebe ich ein Stück meines Egoismus auf, werde ich mir ein Stück weniger wichtig. Dadurch werde ich mir aber auch bewusst, dass ich nicht alles alleine schaffen kann und muss. Und gleichzeitig erfahre ich die Wichtigkeit meiner Person in den Augen Gottes, der mir das alles schenkt. Denn, wäre ich ihm nicht so wichtig, welchen Grund hätte er, mich zu beschenken? Einerseits steige ich also durch die Dankbarkeit auch Gott gegenüber vom hohen Ross herab und komme ich ihm so ein Stück näher. Andererseits darf ich wohl ruhig auch annehmen, dass Gott denen lieber gibt, die seine Geschenke auch schätzen, als jenen, die diese als selbstverständlich hinnehmen.

Dankbarkeit Gott gegenüber ist zudem auch eine der besten Möglichkeiten, die wir haben, die Beziehung zu ihm zu pflegen. Was fehlt Gott, das ich ihm schenken könnte? Wenn also meine Beziehung zu ihm nicht einseitig sein soll, dann bleibt mir nur die Dankbarkeit. Eine einseitige Beziehung aber ist keine Liebe. Wenn Gott unsere Liebe fordert, so doch wohl zuerst in der Form der Dankbarkeit. Aus der Dankbarkeit nämlich wächst ein Gefühl, das ich getrost Liebe nennen kann. Und Dankbarkeit ist andererseits etwas, womit ich meine Liebe zeigen kann, auch wenn das Gefühl im Augenblick schweigt. Ja, Dankbarkeit ist sogar dann möglich, wenn mein ach so wichtiges, kleines "Ich" beleidigt ist.

Liebe zu Gott, so könnte man also auch sagen, ist einfach: "Ich danke Dir, mein Herr und mein Gott, dass Du das Zentrum meines Lebens bist!"

Die Demut

"Glaube, Hoffnung, Liebe, diese drei. Das Größte aber ist die Liebe." Glaube führt zur Demut. Hoffnung führt zur Zufriedenheit, Liebe führt zur Freude. Bleiben wir einmal bei der Demut, wie sie aus dem Glauben kommt. "Du bist der Herr, mein Gott!" Das ist mein Glaube. Das aber heißt doch nicht zuletzt auch: "Ich bin nicht der Größte!" Demut setzt immer voraus, dass ich einen Größeren über mir anerkenne. Und Demut setzt voraus, dass ich bereit bin, zu dienen.

Gott als den größeren über mir anzuerkennen, rein verbal, indem ich es ausspreche oder denke, fällt nicht besonders schwer. Schon allein der Begriff "Gott" sagt ja aus, dass er der Größere ist, der Ewige, der Allmächtige. Gott wäre nicht Gott, wenn das nicht so wäre. Er wäre irgend etwas, aber eben nicht Gott, schon gar nicht Gott als Person. Aber Gott als den Größeren anzuerkennen, wenn das von mir etwas verlangt, ist für mich oft viel schwieriger. In solchen Situationen möchte ich sehr gerne vergessen, dass er der Herr ist, dann möchte ich selber Herr sein über mein Leben, selber wissen, selber entscheiden, was für mich richtig und falsch, gut und böse ist. Dann fehlt es mir oft am Glauben. Dann wird es schwierig zu sagen: "Du bist der Herr, mein Gott!"

Demut heißt wörtlich "Mut zum dienen". Sicher kann ich auch einem Gleichgestellten, ja sogar einem Untergebenen dienen, einen Dienst leisten. Doch wenn ich dies in rechter Gesinnung tue, wenn ich wahrhaft ihm diene und nicht einfach - in einer anderen Form - mir selber, dann ist der andere, auch der Untergebene, in diesem Augenblick mein Herr. Dann leiste ich diesen Dienst, nicht weil ich glaube, dass das für ihn richtig sei, sondern weil und wie er ihn von mir erwartet. Anderenfalls diene ich ja nicht ihm, sondern der Sache und muss dabei sehr aufpassen, dass ich nicht einfach mir, meiner Idee, meinen Wünschen diene. Wenn ich nun Gott dienen will - und Demut bedeutet auch hier im wahrsten Sinn nicht anderes - dann darf ich nicht einfach ihm einen Dienst erweisen wollen, ihm oder für ihn das tun, was ich als richtig erachte. Vielmehr muss ich das tun, was er von mir erwartet. Dass das sehr oft Mut braucht, das weiß jeder, der sich schon einmal ernsthaft mit dem Willen Gottes auseinander gesetzt hat. Manchmal ist es nicht einmal so sehr der Mut, gegenüber anderen aufzutreten, Dinge zu tun und zu sagen oder Dinge zu lassen und über Dinge zu schweigen, wo es der herrschenden Meinung widerspricht. Daraus kann ich mir schlimmstenfalls sogar einen Sport machen. Es ist vielmehr oft der Mut, gegen die eigene Meinung, gegen das eigene Ich aufzutreten, den Willen Gottes auch dort zu sehen und zu erfüllen, wo mir der Sinn nicht ganz klar ist, wo ich nicht mehr verstehe.

In diesem Sinn ist Demut wiederum nicht anderes als die Anerkennung "Du bist der Herr, mein Gott!" Er ist der wahrhaft Größere und Wichtigere von uns beiden. Deshalb sind auch seine Absichten und Pläne die größeren und wichtigeren als die meinen. Deshalb sind auch sein Ruhm und seine Ehre wichtiger als die meine. Sein Wissen übersteigt meine Erkenntnis. Er ist nicht an Raum und Zeit gebunden. Er kennt die Folgen seiner Beschlüsse bis in jedes Detail. Deshalb kann er - und darf ich - nicht immer auf mich Rücksicht nehmen, um es einmal in einem menschlichen Begriff auszudrücken. Demut, Mut zum dienen, Anerkennung der Größe Gottes und meiner eigenen Stellung im Plan Gottes, der Glaube an Gott, den Herrn, macht dies möglich. In diesem Sinn ist Demut nicht einfach ein sich selber klein machen. Das wäre falsch. Ich habe meine Größe und Würde vor Gott, und dafür darf ich dankbar sein. Aber Gott ist immer und allezeit der jeweils Größere und Würdigere. Nicht Gott hat mir zu dienen, sondern ich ihm, auch wenn er mir immer dabei hilft.

Die Zufriedenheit

Zufriedenheit ist eine große Kunst. Wahrhaft zufriedene Menschen sind fast so selten, wie wahrhaft heiligmäßige Menschen. Auch ich selber merke immer wieder, dass es leichter ist, über Zufriedenheit zu reden als zufrieden zu leben. Das hängt sicher mit unserem menschlichen Gerechtigkeitssinn zusammen. Menschliche Gerechtigkeit ist zwangsläufig mathematisch. Wir haben keine andere Möglichkeit. Wir können wägen und vergleichen, wir wissen, wer mehr und wer weniger hat. Was wir nicht können, ist wissen, was jeder genau braucht. Wenn ich aber merke, was, beziehungsweise wie viel jeder hat, so finde ich immer Menschen, die mehr haben als ich. Und das stört meine Zufriedenheit. Sicher merke ich, dass es auch Menschen gibt, die weniger, zum Teil sogar viel weniger haben als ich. Aber das ist mir oft mehr ein Grund, auf jene herab zu sehen, als selber zufrieden zu sein.

Dabei geht es bei der Zufriedenheit doch nicht darum, was ich habe. Es gibt immer Dinge, die ich noch nicht besitze. Es geht doch vielmehr darum, dass ich das habe, was ich brauche. Und wenn ich ehrlich bin, so merke ich, dass ich eigentlich viel weniger brauche als ich habe, viel weniger als ich mir wünsche. In den Augenblicken, wo ich dies feststelle, da bin ich zufrieden, zufriedener, als wenn ich irgend etwas erhalte, was ich mir schon lange gewünscht habe.

Einer, der weiß, was ich brauche, und der auch in der Lage ist, mir dies zu geben, das ist Gott. Wenn ich an ihn glaube und wenn ich auf ihn vertraue, dass er mir dies tatsächlich auch gibt, dann bin ich zufrieden. Das Problem ist nur, dass Gott meist besser weiß als ich, was ich brauche. Und da er mir immer zuerst schenkt, was ich brauche, gewährt er mir oft nicht, was ich mir wünsche. Er weiß ja, dass ich dieses oder jenes effektiv nicht brauche, auch wenn ich es selber als noch so wichtig für mich erachte, ja selbst wenn ich glaube, dies in seinem Interesse nötig zu haben. Er weiß, dass ich nur dann zufrieden bin, wenn ich habe, was ich brauche, nicht mehr und nicht weniger.

Hoffnung, Vertrauen in Gott, das schenkt mir wahre Zufriedenheit. Je mehr es mir gelingt, zu glauben, dass Gott, mein Vater, mir alles gibt, was ich brauche, desto mehr merke ich, dass ich eigentlich all das habe, was ich brauche, desto zufriedener werde ich. Dann kann ich auch einsehen, dass ein anderer vielleicht mehr braucht als ich oder dass er ganz andere Dinge und Gaben braucht. Dann gelingt es mir manchmal auch einzusehen, dass der andere dieses oder jenes in einem anderen Zeitpunkt braucht als ich, dass er, was für mich genau so wichtig ist, eben gerade jetzt braucht, während ich noch warten kann, dass ich vielleicht dieses oder jenes bereits einmal erhalten habe, was für den anderen gerade jetzt notwendig ist.

Dies gilt nicht nur im materiellen, sondern auch im geistigen Gebiet. Gott schenkt mir auch jene Spiritualität, die ich jetzt brauche. Warum bin ich trotzdem so oft unzufrieden, wenn ich sehe, dass der andere eine andere, eine größere, schönere geschenkt erhalten hat? Könnte ich wirklich mit jener Gabe umgehen oder wäre ich damit nicht genau so unzufrieden, weil ich irgendwo eine noch größere Heiligkeit entdecke? Gott schenkt mir in jeder Beziehung, was ich brauche. Wenn ich das einsehe und dankbar dafür bin, dann werde ich zufrieden. Und weil ich zufrieden bin, wird meine Gottesbeziehung reibungsfreier, glücklicher, reicher, reifer und tiefer.

Die Freude

Wenn Dankbarkeit ein wesentlicher Aspekt der Liebe ist, auch oder gerade der Liebe zu Gott, und wenn diese Dankbarkeit, die aus dem Vertrauen und der Zufriedenheit erwächst, meine Beziehung zu Gott reifer und reicher werden lässt, dann wird sich unweigerlich die Freude einstellen. "Freuet euch allzeit in Gott" sagt der Apostel Paulus. Ich habe mich oft gefragt, was er damit meint, da sich doch Freude nicht erzwingen lässt. Erst bei der Betrachtung dieser Kette von Zufriedenheit, Dankbarkeit, Liebe ist mir ein wenig aufgegangen, was er damit sagen will. Die Freude in Gott ist eben nichts anderes als Zufriedenheit, deshalb Dankbarkeit, und darum Liebe. Aus der Liebe zu Gott erwächst die wahre Freude.

Wenn ich mir dies vor Augen halte, dann sollte eigentlich nichts und niemand meine Freude stören können. Dem ist leider nicht so. So oft wird meine Freude getrübt. So oft ärgere ich mich oder blase Trübsal vor den Fehlern der anderen, meinem eigenen Versagen und dem, was ich möchte und nicht erreiche. Damit aber beweise ich, dass ich noch ganz am Anfang des Weges zur Heiligkeit stehe. Wie kann ich dem abhelfen? Es gibt - neben der Gnade Gottes - nur eine Möglichkeit, die Übung.

Menschlich gesehen ist es ein eher komischer Gedanke, die Freude üben zu wollen. Freude kommt, wie die Trauer, aus den äußeren Umständen. Doch dies ist zumindest teilweise ein Trugschluss. Freude und Trauer werden von den äußeren Umständen ausgelöst. Ihre Wurzeln aber haben sie in meiner Einstellung zum Leben, in meiner Einstellung, meiner Beziehung zu Gott. Nicht umsonst redet die Psychologie von einer positiven Grundeinstellung, die man sich zulegen soll. Auf dem Weg zur Heiligkeit heißt dies, eine Einstellung, eine Ausrichtung auf Gott, der ja das Positive schlechthin ist. Eine psychisch positive Grundeinstellung lässt mich die Widerwärtigkeiten des Lebens leichter bewältigen, verhindert ein Absinken in Traurigkeit. Eine seelische Grundeinstellung auf Gott hin hilft mir zum Vertrauen auf Gott, damit zur Zufriedenheit, zur Dankbarkeit und schlussendlich zur Liebe.

Das Üben der Freude besteht also darin, mit dem Gedanken an Gott im Hintergrund an die Dinge des

Lebens herangehen. Es besteht darin, immer wieder zu versuchen zu vertrauen und dankbar zu sein. Es besteht eigentlich im Glauben, denn ohne den Glauben an dieses "Du bist mein Herr und mein Gott" kann ich gar nicht positiv zur Welt im allgemeinen und zu mir, meinem Leben und meiner Welt stehen. Im Vertrauen auf Gott, das sich über die Dankbarkeit zur Liebe wandelt, finde ich die Freude, eine stille, bescheidene, aber tiefe Freude, die auch mit den größten Widerwärtigkeiten fertig werden kann. Aber eben, das verlangt Übung. Das fällt mir nicht einfach in den Schoß, das gelingt auch nicht schon beim ersten Versuch. Auf diesem Weg gibt es immer wieder viele, manchmal sehr schmerzhafte Rückschläge. Dieser Weg führt durch manche dunkle Nacht, wo das Vertrauen auf die Probe gestellt wird. Doch es lohnt sich, diesen Weg zu gehen, denn schon bald zeigen sich erste Erfolge, auch wenn sie noch so bescheiden sind, auch wenn sie immer wieder durch Rückschläge weggewischt werden. Aber jeder Erfolg bestätigt mich auf dem Weg. Die Freude, die mir so - und wenn auch noch so selten - zuteil wird, entschädigt für manche harte Stunde.

Die Liebe zu Gott schenkt die Freude. Die Freude wiederum drängt zur Dankbarkeit und die Dankbarkeit fördert die Liebe. Es ist ein Gnadenkreis Gottes. Oder sollte man eher von einer Spirale reden, die sich immer mehr, immer weiter ausdehnt?

Die Ganzheitlichkeit

Bei all diesen Überlegungen wird mir immer deutlicher, dass Heiligkeit, dass die Beziehung zu Gott eine sehr vielfältige, vielschichtige, zeit- und raumabhängige Angelegenheit ist. Jede Beziehung nämlich, wenn sie echt sein will und nicht nur Kameradschaft, Bekanntschaft oder ähnliches, umfasst einerseits immer den ganzen Partner, nimmt ihn so wie er ist, in seiner ganzen Vielschichtigkeit und Wandelbarkeit. Andererseits will sie auch immer das ganze "Ich" einbringen, ebenfalls in seiner ganzen Vielschichtigkeit und Wandelbarkeit. Wenn wir nun von der Vielschichtigkeit und Wandelbarkeit Gottes sprechen, so ist das im strengen Sinn des Wortes natürlich falsch. Wenn jemand der Eine ist, dann Gott. Wenn jemand unwandelbar und ewig ist, dann natürlich er. Doch als Mensch mache ich die Erfahrung eines vielschichtigen Gottes, der mir immer wieder anders entgegentritt. Das hängt mit meinem Menschsein, mit meiner Begrenztheit und Abhängigkeit von Raum und Zeit zusammen. Gott tritt mir entgegen, indem er sich sozusagen nicht nur meinen Möglichkeiten der Erkenntnis anpasst, sondern mir auch in Raum und Zeit begegnet. Was ich also als die Vielfältigkeit, die Vielschichtigkeit, die Wandelbarkeit Gottes erfahre, ist das im Grunde genommen nichts anderes als die Vielfältigkeit, die Vielschichtigkeit und Wandelbarkeit meiner Möglichkeit zu wissen, zu erfahren, ja auch zu glauben.

Da ich gar nicht anders kann, als Gott als vielschichtig, ja wandelbar zu erkennen, so ist es sicher auch nicht falsch, wenn ich dies tue. Ich muss mir nur immer bewusst bleiben, dass alles, was ich über Gott denke und sage, eben diese menschliche Dimension hat. Ich muss immer bedenken, dass sich all das Bruchstückhafte meiner Erkenntnis in Tat und Wahrheit zu einem Ganzen zusammenfügt, das so groß und herrlich ist, dass es mich schlicht übersteigt, dass ich gar nichts mehr erfasse, wenn ich es ganz erfassen will.

Ganzheitlichkeit in der Beziehung zu Gott heißt dann, mich immer zu bemühen, nicht bei einem einzelnen Aspekt, einer Teilwahrheit stehen zu bleiben, sondern diesen Teil in eine Gesamtschau zu integrieren. Je besser mir dies gelingt, je mehr, je vielseitigere Aspekte ich erkenne, desto größer, desto tiefer und reifer wird meine Beziehung zu Gott. Wenn es mir dann noch gelingt, tatsächlich mit diesem vielschichtigen Gott zu leben, ihn so zu akzeptieren, meine Beziehung zu ihm gerade auf diese Vielschichtigkeit aufzubauen, dann komme ich einen Schritt weiter im Streben nach Heiligkeit.

Wenn ich mir aber überlege, dass diese Vielschichtigkeit Gottes im Grunde nichts anderes ist, als das Bild Gottes im vielschichtigen Spiegel meiner selbst, so muss ich auch die Vielschichtigkeit meiner selbst akzeptieren, meine Wandelbarkeit, meine Abhängigkeit von so vielen Faktoren, Raum, Zeit, Umgebung, Wissen und Informationen. Dann darf ich genau diese Vielfältigkeit einbringen in meine Beziehung zu Gott. Ich bin auch für Gott ein vielschichtiges Ganzes, das sich zusammensetzt aus dem, was ich gestern war, was ich heute bin und was ich morgen sein werde, das sich zusammensetzt aus meinen guten und bösen Seiten, aus all meinen Fähigkeiten und Prägungen, aus mir selbst und meiner ganzen Umgebung. Zu meinen Fähigkeiten aber gehört auch die Fähigkeit mich zu entwickeln, mich zu verbessern. An dieser Fähigkeit ist Gott ganz besonders interessiert. Denn durch diese Fähigkeit kann ich über mich selbst hinaus wachsen, ihm immer näher kommen.

Die Bescheidenheit

Diese ganzheitliche Sicht meiner Gottesbeziehung sollte mich eigentlich auch zur Bescheidenheit bringen. Sich selber ganzheitlich sehen gegenüber einem Gott, der in Tat und Wahrheit eins, ewig und unwandelbar weil nicht verbesserungsbedürftig ist, das zeigt doch, dass ich selber immer noch sehr verbesserungsbedürftig bin. In einer solchen ganzheitlichen Sicht meiner selbst nützt es mir auch nichts, wenn andere schlechter sind als ich, nützt es mir auch nichts, wenn andere böse sind. Mich ganz in die Beziehung mit Gott einbringen, das bedeutet, dass nicht nur die schlechten und bösen Einflüsse entschuldigend eingebracht werden, sondern auch all die Gnaden, Vorzüge, guten Vorbilder und Ermahnungen, die mir zuteil geworden sind. Gar oft weiß ich selber nicht, was das alles war und noch ist. Wie will ich dann beim anderen beurteilen können, was genau hinter den auch noch so offensichtlichen Fehlern und Sünden des anderen steht?

Die Bescheidenheit, die Gott von mir erwartet, ist zuerst einmal das Bewusstsein meiner Sünden und meiner Schuld. Dieses Bewusstsein sollte ich nicht durch Entschuldigungen aller Art trüben oder durch den Vergleich mit meinem Nächsten abschwächen. In meiner Beziehung zu Gott zählen immer nur die eigenen Sünden, die eigene Schuld. Je besser mir diese bewusst sind, je offener ich sie vor Gott hinlege, desto mehr kann er mir auch Vergebung gewähren. Denn wo es nichts zu vergeben gibt, kann selbst Gott nicht verzeihen.

Zu dieser Bescheidenheit aber gehört auch das Bewusstsein der Gnade und Hilfe Gottes. Ich sollte noch viel aufmerksamer werden, auf das, was Gott mir schenkt, auf das, wo Gott mich vor Sünde und Schuld bewahrt. Dann würde ich mich auch viel weniger meiner guten Taten rühmen. Dann würde ich mir bewusst, dass ich ohne ihn im Grunde genommen nichts zu leisten vermag. Und zudem würde mir bewusst, dass ich die Mängel des anderen nur dann richtig beurteilen könnte, wenn ich wüsste, welche Gnaden, welche Hilfen er erhalten hat, oder nicht.

Zu dieser Bescheidenheit gehört dann plötzlich auch, dass es nicht nur meine Sünden sind, die die Beziehung zu Gott stören, sondern noch viel mehr die Momente, in denen ich seine Gnaden, seine

Hilfen, seine Eingebungen ausschlage, wo diese Beziehung zu ihm mir nicht das tragende Element meines Lebens ist. Das aber ist so oft der Fall, dass ich keinen Grund habe, auf andere herab zu sehen, die im Prinzip nur den genau gleichen Fehler machen.

Bescheidenheit, das ist irgendwie eines der Grundelemente der Beziehung des Menschen zu Gott. Sie beruht schlussendlich in nichts Geringerem als in der Anerkennung der Person Gott, seiner alles übersteigenden Größe und Wichtigkeit. Man kann auch von der Macht Gottes sprechen. Mir gefällt im Augenblick der Begriff Wichtigkeit besser. Gott ist Zentrum von allem einerseits und allumfassend andererseits. Er ist der Schöpfer und deshalb der Herr des Himmels und der Erde. Das Geschöpf ist nie wichtiger als der Schöpfer. Deshalb empfindet das Geschöpf - wenn es sich selber als Geschöpf betrachtet - die Macht des Schöpfers auch nicht als bedrückend oder gar erdrückend. Vielmehr ist diese Macht im Grunde genommen eine Selbstverständlichkeit, die logische Folge des "Schöpfer Sein" Gottes. Die Abhängigkeit des Geschöpfes vom Schöpfer bedingt gerade seine Macht. Die Abhängigkeit des Geschöpfes vom Schöpfer macht Bescheidenheit geradezu logisch, macht Bescheidenheit zur wahren Größe des Menschen.

Die Geduld

Die Bescheidenheit wiederum sollte mich eigentlich zur Geduld führen, und zwar zuerst einmal zur Geduld Gott gegenüber. Dies ist wiederum eine jener gewagten Aussagen, die nur richtig sind, wenn sie auch richtig verstanden werden. Gott macht selbstverständlich keine Fehler. Gott handelt auch immer im richtigen Zeitpunkt und in der richtigen Art und Weise. Aber die Begrenztheit meiner Wahrnehmung, meines Verstandes, meiner Sinne und meines Gefühls, und die Unvollkommenheit meines Glaubens bringen mich immer wieder in Situationen, in denen ich in meinem Verhältnis zu Gott so etwas wie Geduld aufbringen muss.

Geduld gegenüber Gott ist also nichts anderes als die Anerkennung meiner Begrenztheit und meiner Unvollkommenheit. Ich muss warten können bis der richtige Zeitpunkt gekommen ist, den Gott in seiner Weisheit für mich festgelegt hat. Ich muss aber auch warten können bis Gott mir die Einsicht schenkt in das, was für mich gut und richtig ist, weshalb er mir dieses und nicht jenes geschenkt hat. Dieses Warten auf Gott gehört zu meiner Beziehung zu ihm wie meine Begrenztheit zu mir. Und oft ist es gerade dieses Warten auf Gott, das mir die Einsichten schenkt, die ich brauche, die meine Beziehung zu ihm tiefer und reicher machen.

Diese Geduld mit Gott ist also eine bestimmte Art der Geduld mit mir selber, der Geduld mit meinen

Grenzen und Fehlern. Die Geduld mit mir selbst ist eine wichtige Voraussetzung auf dem Weg zur Heiligkeit. Wenn ich mir meiner Begrenztheit, meiner Schwächen und Fehler bewusst werde, dann wird mir auch bewusst, dass mein Weg zur Gott nur ein langsamer sein kann, dass ich immer nur Schritt für Schritt vorwärts komme, dass ich nicht die Kraft habe, große Sprünge zu tun. Dann wird ebenfalls klar, dass ich immer wieder Rückschläge erleide, sei es, dass ich in die Irre gehe und mühsam den Weg zurück suchen muss, sei es, dass ich irgendwo vom Weg abstürze und dann lange Zeit brauche, um nur wieder auf den alten Stand zu kommen. Das gehört nun einmal zum Menschsein. Damit muss ich fertig werden, deswegen muss ich Geduld mit mir haben.

Schnell vorwärts zu kommen, das kann Gott mir schenken, wenn er es will. Wenn ich aber mich selber überfordere, dann liege ich schnell einmal erschöpft am Wegrand. Dann gibt es kein Mittel, kein Doping, das mich rasch wieder auf die Beine stellt. Wenn ich versuche, große Sprünge zu tun, Stufen auf dem Weg zu überspringen, dann stolpere ich plötzlich über Steine und Kanten, dann falle ich schnell einmal der Länge nach hin. Geduld mit mir selber bringt mich am schnellsten zum Ziel, wenn sie nicht zur Faulheit ausartet. Darüber werden wir noch nachdenken müssen. Echte Geduld aber vermeidet viele Gefahren und Umwege. Sie sichert das Erreichte, so dass ich immer weiter darauf aufbauen kann.

Die Geduld mit mir sollte mich auch zur Geduld mit meinem Nächsten führen. Auch er ist der Begrenztheit, der Unvollkommenheit, der Schwächen und Fehler unterworfen. Er ist ein Mensch genau wie ich, auch wenn sich dies oft in ganz anderen Denk- und Handlungsweisen, in ganz anderen Schwächen und Fehlern äußert. Er ist ja auch ein anderer Mensch als ich. Ich sollte also Geduld mit ihm habe, weil ich im Grunde genau weiß, dass er ebenso Geduld mit mir braucht, und weil ich weiß, dass auch Gott Geduld mit mir hat.

Ein weiterer Aspekt ist, dass ich von seiner Beziehung zu Gott im Grunde überhaupt nichts weiß. Ich sehe immer nur einzelne Taten, höre einzelne Worte, die wie Schlaglichter auf ihn fallen, die ihn mir aber mehr verhüllen und entstellen als beleuchten. Wo er auf seinem Weg zur Heiligkeit steht, das kann ich nicht erkennen. Vielleicht hat er schon den weitaus größeren Weg zurückgelegt als ich. Ich darf nie vergessen, dass vor Gott nicht das zählt, was ich erreicht habe - denn nicht ich habe es erreicht, er hat es mir geschenkt - sondern welchen Weg ich schon zurückgelegt habe und wie ich ihn gegangen bin. All die äußeren Umstände, denen ich so gerne die Schuld für meine Schwächen und mein Versagen gebe, beeinflussen auch den Weg des anderen, vielleicht in einem noch viel größeren Maß. Entscheidend ist, was ich trotz all dieser Umstände erreicht habe. Was aber der andere trotz all seiner Umstände bereits erreicht hat, das kann ich nicht wissen. Gott allein weiß es. Geduld mit ihm zu haben, ist das mindeste, was ich ihm deshalb schulde. Vielleicht, wenn ich alles wüsste, müsste ich sogar Ehrfurcht vor ihm empfinden.

Der Tod

Der Tod ist der letzte Schritt auf dem Weg zur Heiligkeit. Er schließt diesen Weg ab und öffnet das Tor zur ewigen Beziehung mit Gott, zur endgültigen, ewigen Heiligkeit, zum ewigen Heil. Voraussetzung ist, dass uns der Tod auf diesem Weg zur Heiligkeit, in der Beziehung zu Gott antrifft. Manchmal denke ich, dass der Tod mich einfach so fixiert, wie ich bin, im "Ja" zu Gott, in der Beziehung, oder dann im "Nein" zu Gott, in der Beziehungslosigkeit. So gesehen wird der Tod zur letzten, definitiven Entscheidung meines Lebens.

Damit mich aber diese Entscheidung nicht unvorbereitet trifft, ist der Gedanke an den Tod ein nützliches Mittel auf dem Weg zur Heiligkeit. Er braucht mir nicht Angst zu machen. Er soll mir einfach helfen, mich immer und überall, in jeder Situation und zu jeder Zeit für Gott, für die Beziehung zu ihm zu entscheiden. Wenn ich dies übe, wenn mir diese Entscheidung immer selbstverständlicher wird, dann werde ich auch die letzte, die endgültige Entscheidung für Gott, für die Beziehung zu ihm treffen. Natürlich ist dies ein langer Weg, gespickt mit Hindernissen, voll Rückfälle und Versagen. Aber ich bin nicht allein. Und ich kann, so oft ich will, auch aus Sünde und Schuld auf diesen Weg zurückkehren. Die Übung wird mir immer besser helfen, dies jeweils rasch, sofort wieder zu tun.

Der Glaube nimmt dem Tod den Stachel der Angst. Ich glaube an ihn, meinen Herrn und Gott. So glaube ich auch, dass er mich auf sich hin erschaffen hat und zu sich hin führt. Ich glaube an ihn, meinen Herrn und Erlöser. So glaube ich auch, dass sein Tod und seine Auferstehung der Schlüssel meiner Erlösung ist. Ich glaube an ihn, den Herrn und Tröster. So glaube ich auch, dass er mich stärkt und leitet. Ich glaube an ihn, den Dreifaltigen. So glaube ich auch, dass Er, der Beziehung in sich ist, nur ein Interesse hat, meine Beziehung zu ihm, meine Heiligkeit, mein Heil.

Die Hoffnung nimmt dem Tod den Stachel der Ungewissheit. Gott selber sichert mir mein Heil zu, sofern ich nur will, sofern ich nur nicht ablehne. Gott selber sichert mir auch seine Hilfe zu, damit ich mich für ihn zu entscheiden vermag. Gott selber sichert mir seine Verzeihung zu, jedes Mal wenn ich zu ihm zurückkehre.

Die Liebe nimmt dem Tod den Stachel des Abschieds, der Trennung. Wo immer es mir gelingt, Gott wahrhaft zu lieben, da wandelt sich der Tod von der Trennung zur Vereinigung, da kann der Tod die Erfüllung meiner Sehnsucht nach dem Geliebten werden.

In Glaube, Hoffnung und Liebe wandelt sich der Tod vom Ende zum Ziel. Und dieses Ziel ist nichts anderes als der neue Anfang, der Anfang einer Beziehung, die nicht mehr gestört oder gar zerstört werden kann. In Glaube, Hoffnung und Liebe ist mein Weg auf den Tod hin der Weg zur Heiligkeit, der Weg des Heils. In Glaube, Hoffnung und Liebe kann ich den Gedanken an den Tod in frohem Ernst pflegen. Ich kann mir der Gefahren auf meinem Weg bewusst werden, ohne mich durch Angst lähmen zu lassen. Ich kann mir auch meiner Sünde und Schuld bewusst werden, ohne zu resignieren oder zu verzweifeln. In Glaube, Hoffnung und Liebe kann ich auf den Tod zugehen wie auf ein Tor, hinter dem mich der erwartet, dem meine Beziehung gilt, mit dem ich schon jetzt, wenn auch unvollkommen, verbunden bin.

So ist der Tod einerseits der letzte Schritt auf dem Weg zur Heiligkeit, andererseits aber auch der ständige Begleiter und Wegweiser auf diesem Weg. So ist der Tod auch für mich überwunden im Tod und in der Auferstehung meines Herrn Jesus, des Christus, unseres Erlösers.

KONKRETE SCHRITTE

Erste Schritte

Jeder Weg beginnt mit einem ganz konkreten ersten Schritt. Der ganze Weg ist nichts anderes als ein konkreter Schritt nach dem anderen. Theorien und Spekulationen über die Heiligkeit und die Wege dazu sind schön und gut. Doch irgend einmal muss ich den ersten konkreten Schritt auf diesem Weg wagen. Und immer wieder muss ich dann ganz konkrete Schritte tun, einen nach dem anderen.

Auf jedem Weg gibt es Etappen. Um den Weg fortzusetzen muss dann immer wieder neu der erste Schritt getan werden. Auf dem Weg zur Heiligkeit gibt es einerseits ebenfalls solche Etappen, daneben aber auch Rückschläge und Abirrungen. Darum ist es auch auf diesem Weg nötig, immer wieder den ersten Schritte zu tun, neu zu beginnen, dort, wo ich stehen geblieben, dort, wohin ich zurück gefallen bin. Diese ersten Schritte sind enorm wichtig, besonders für den Anfänger. Gerade er ist immer wieder versucht, stehen zu bleiben und aufzugeben. Um diese Versuchungen zu überwinden, gibt es kein besseres Mittel als wieder einen neuen ersten Schritt zu tun.

Wenn ich zurückdenke an die Spaziergänge mit meinen Kindern oder wenn ich heute manchmal Eltern mit Kindern beobachte, dann gibt es Situationen, in denen die Kinder gerne mitgehen, ja sogar voraus laufen. Es gibt aber auch Momente, in denen sie hinterher stapfen, oder gar stehen bleiben und nicht mehr mögen. Schimpfen und Drohen hilft dann gar nichts. Es braucht dann immer wieder einen neuen Anstoß, den ersten, das heißt nächsten Schritt zu tun. Es braucht eine neue Motivation, etwas zu trinken in der nächsten Wirtschaft zum Beispiel. Oder es braucht ein ganz nahes Ziel, den nächsten Wald etwa, wenn es auf der Landstraße heiß wird.

Auch auf meinem Weg zur Heiligkeit gibt es Momente, in denen die Schritte leichter fallen, in denen ich mich wohl fühle auf dem Weg. Und es gibt Situationen, in denen ich keine Lust mehr habe, zu Hause sein oder einfach nur stehen bleiben, mich hinlegen, einschlafen möchte. Dann braucht es immer wieder diesen Anstoß, einen neuen Schritt zu tun, eine neue Motivation, ein neues nächstes Ziel. Solche konkreten Ziele und Motivationen gibt mir Gott immer wieder, wenn ich auf ihn höre. Doch dieses Hören auf Gott, dieses sich von Gott motivieren lassen, dieses Achten auf den nächsten möglichen Schritt will gelernt und geübt sein. Gerade das Bild der spazierenden Kinder zeigt uns das sehr deutlich. Kinder, die viel mit ihren Eltern wandern, haben weniger Mühe, ja, haben sich fast unbewusst gewisse Verhaltensweisen angeeignet, die ihnen über momentane Schwierigkeiten hinweg helfen. Sie bleiben vielleicht ganz nahe bei der Mutter, halten ihre Hand. Oder sie beginnen zu singen, bitten den Vater um eine Geschichte. So können auch wir uns auf den Weg ganz konkrete Verhaltensweisen aneignen, die uns helfen, über Müdigkeit und Schwäche hinweg zu kommen, auch wenn wir das Gefühl haben, nicht mehr zu können. Mir selber helfen je nach Situation verschiedene Techniken; einige davon möchte ich hier näher beschreiben.

Selbstverständlich muss ich diese Techniken immer situationsgerecht einsetzen. Ich muss das Gespür in mir entwickeln, was mir im Augenblick am meisten hilft. Dann werde ich mit der Zeit gewisse Automatismen entwickeln, um über bestimmte Schwierigkeiten hinweg zu kommen. Es werden sich Gewohnheiten einstellen, die sich dann wie ein roter Faden durch mein Leben oder auch nur durch eine bestimmte Periode meines Lebens ziehen. Und diese helfen mir nicht nur bei den immer wieder notwendig werdenden ersten Schritten, sondern auch für einen regelmäßigeren, weniger ermüdenden Rhythmus des Voranschreitens.

Das Stoßgebet

Heiligkeit heißt "Leben mit Gott". Heiligkeit heißt: "Du bist bei mir, bleibe Du bei mir!" Dieses Stoßgebet wurde mir - wie schon erwähnt - zu einem Schlüsselerlebnis auf meinem Weg zur Heiligkeit, zu einem entscheidenden Neustart. Auch heute noch hilft es mir oft, wieder neu einen ersten Schritt zu tun, mich wieder neu auf den Weg zu machen. Manchmal denke ich sogar, dass dieser Gedanke eigentlich an jedem Neubeginn stehen müsste, am Morgen beim Erwachen, am Beginn der Arbeit, bei allen Entscheiden, ja selbst am

Abend beim Einschlafen. Er könnte für mich so etwas wie die Hand der Mutter werden, die ich immer dann erfasse, wenn es weiter gehen muss. Regelmäßig geübt würde er meine Haltung, mein Tun und Lassen in jeder Situation entscheidend beeinflussen, würde er mich immer weiter bringen auf meinem Weg zur Heiligkeit.

"In Deine Hände, Herr, lege ich meinen Körper und meinen Geist, Seele und Leib!" ist eine Formel aus einem Nachtgebet, die mich einmal sehr angesprochen hat. Eigentlich sollte ich sie nicht nur in mein Abendgebet einschließen. Als Stoßgebet könnte ich sie immer dann gebrauchen, wenn ich selber am Ende meines Lateins bin, wenn Dinge auf mich zukommen - im materiellen wie geistigen Leben - die sich meiner Kontrolle mehr oder weniger entziehen, die mich beängstigen oder erschrecken. Ich könnte sie einsetzen, wenn eine Versuchung auftritt, ja selbst, wenn ich einer solchen erlegen bin. Immer und überall, wo ich auf Gott, seine Güte, seine Hilfe oder sein Erbarmen angewiesen bin, könnte sie meine Hoffnung und mein Vertrauen stärken.

Dankbarkeit gehört wesentlich zum Leben mit Gott. Ein Schritt zu mehr Dankbarkeit wäre auch das ganz einfache "Danke, mein Herr und mein Gott!" In allen Situationen, wo mir etwas geschenkt wird, wenn ich beispielsweise den Bus noch erreiche, das Billet nicht zu Hause vergessen habe, das bestellte Buch rechtzeitig eingetroffen ist, wenn mir jemand zulächelt oder gar mich lobt, wäre es sicher angebracht. Ja, es wäre sogar dann nützlich, wenn das Geschenk Gottes mir nicht so recht zusagt, wenn ich es nicht verstehe. Es gäbe so viele Gelegenheiten zur Dankbarkeit, ich müsste sie nur wahrnehmen. Dieses Stoßgebet kann mir helfen, ein Gespür für die vielen Gründe der Dankbarkeit zu entwickeln.

Erwähnt habe ich auch schon das kurze Gebet, wenn das Jakobshorn ertönt: "Herr, segne diesen Einsatz, jene, die ihn leisten, jene, die davon betroffen sind. Heile und rette Du, denn Du bist der Heilige und der Retter!" Diese Übung hat mich schon etliche Male davor bewahrt, neugierig oder gar sensationshungrig zu werden, wissen zu wollen, was geschehen ist statt helfen zu wollen, so wie es mir möglich ist, und sei es nur, indem ich mich nicht einmische, dafür aber Gottes Hilfe "sende".

"Der Herr segne dich und beschütze dich, der Herr lasse sein Antlitz leuchten über dir, und sei dir gnädig!" Viele Menschen, die mir begegnen, lösen bei mir Antipathie, Widerwillen, oft sogar Ekel aus. Würde ich mich bemühen, solche Menschen immer zuerst einmal zu segnen, würde sich mein Verhältnis zu ihnen schnell ändern. Sicher, auch die tiefste Gottesbeziehung kann meine natürlichen Abwehrreaktionen, meine Gefühle nicht einfach hinweg wischen, oder gar in ihr Gegenteil verkehren. Das gelingt vielleicht ganz großen Heiligen, aber sicher nicht dem Anfänger. Doch mit einem Stoßgebet würde es mir leichter fallen, mich nicht dabei aufzuhalten, oder mich gar noch in meine Gefühle hineinzusteigern. Es würde mir helfen, das Gute in diesen Menschen zu sehen, diese Beziehung auf eine höhere Ebene zu verlagern, sie hineinzunehmen in meine Beziehung zu Gott.

Selbstverständlich darf ich einen solchen Segenswunsch auch bei Menschen anwenden, die mir sympathisch sind, oder bei solchen, mit denen ich Mitleid verspüre oder die mir Respekt und Anerkennung abfordern. Hier fällt dies meist leichter. Doch auch für solche Beziehungen ist es wichtig, sie in meine Beziehung zu Gott hineinzunehmen. Auch in solchen Beziehungen sehe ich dadurch das Gute und Schöne viel besser, störe ich mich weniger an all dem menschlichen und allzu menschlichen, das sich auch dort findet. Und zudem kann mir dies helfen, gegebenenfalls den Abstand zu wahren, die Grenzen, die mir gesetzt sind, nicht zu überschreiten.

Solche Beispiele ließen sich noch vermehren, zum Beispiel mit dem Gebet des Apostels Petrus: "Herr, Du weißt alles, Du weißt auch, dass ich Dich liebe!" Das Stoßgebet ist ein kräftiger Motor auf meinem Weg zur Heiligkeit. Es könnte mein ganzes Leben in eine ständig bewusste Beziehung zu Gott tauchen. Es würde mich immer wieder erinnern und helfen, weiterzugehen, nicht stehen zu bleiben. Denn wenn ich alles in die Beziehung zu Gott bringe, bleibe auch ich auf meinem Weg zur Heiligkeit nicht stehen.

Das regelmäßige Gebet

Stoßgebete fördern mich auf meinem Weg zur Heiligkeit um so besser, je regelmäßiger ich sie einsetze. Das Gleiche lässt sich auch vom "normalen" Gebet sagen. Wenn ich einmal nur den psychologischen Aspekt betrachte, dann ist die Regelmäßigkeit der Schlüssel zum Erfolg - oder sollte ich besser sagen, die Brücke über den Misserfolg?

Wir alle leben sehr in Gewohnheiten, guten wie auch weniger guten, manchmal sogar schlechten. Gewohnheiten, Routine, reflexartige Reaktionen erleichtern uns das Leben sehr. Schon unser Körper stellt sich schnell auf Regelmäßigkeiten ein, zum Beispiel bei den Essens- und Schlafenszeiten. Und wie schwer tut sich doch der Anfänger beim Autofahren mit der Komplexität von Technik und Verkehr, die beide jederzeit gleichzeitig beachtet werden wollen. Erst wenn sich die Routine einstellt, wenn gewisse Handlungen und Reaktionen fast zu Automatismen geworden sind, kommt die Freude am Autofahren und die Sicherheit, die uns auch in kritischen Situationen ruhig und überlegt bleiben lässt.

So ist auch im Gebetsleben die Regelmäßigkeit wichtig. Als Anfänger fühle ich mich schnell überfordert. Sehr oft kommen Zeiten, in denen ich nicht mehr mag, in denen ich aufgeben möchte. Dann kann mir die Regelmäßigkeit über solche Tiefs hinweg helfen. Was ich gewohnt bin, was ich schon fast automatisch tue, das fällt mir leichter, auch wenn ich einmal keine Lust habe. Was schon fast zur Routine geworden ist, das bleibt auch in schwierigeren Situationen irgendwie selbstverständlich.

Regelmäßiges Gebet heißt für den Anfänger meist zeitgebundenes Gebet. Nicht umsonst ruft uns unsere Mutter, die heilige Kirche, dazu auf, jeden Tag mit einem Gebet zu beginnen und zu beenden und für jede Mahlzeit Gott in einem kurzen Gebet zu danken. Regelmäßig läuten auch heute noch vielerorts die Glocken zum "Angelus". Und auch das Sonntagsgebot darf durchaus in diesem Zusammenhang gesehen werden.

Frühere Zeiten legten viel mehr Wert auf solche zeitgebundenen regelmäßigen Gebete. Wenn heute das bloße Herunterleiern solcher Formeln angeprangert wird - einerseits sicher zu Recht - vergisst man dabei allzu leicht, dass die Regelmäßigkeit psychologisch für uns sehr wichtig ist. Auch wenn sie das Abgleiten in den Formalismus fördern kann, so ist sie doch ein Gegenpol zu unserer Vergesslichkeit und unserer Bequemlichkeit. Durch die Regelmäßigkeit wird die Beziehung zu Gott auch dann nicht abgebrochen, wenn sie sonst an einem toten Punkt angelangt ist. Vielmehr erleichtert sie gerade dann einen neuen "ersten Schritt". Regelmäßiges Beten schenkt uns die Sicherheit, dass unsere Beziehung zu Gott in allen Schwankungen und über alle Tiefs hinweg immer, zumindest minimal, erhalten bleibt.

Dieser Gedanke erklärt mir auch die Wichtigkeit des Stundengebetes der Kirche für die Kleriker und Ordensleute. Sie, die noch viel stärker als wir Anfänger, zur Heiligkeit, zu einer intensiven Gottesbeziehung und zu einem Leben daraus berufen sind, sollen in diesem Gebet mehrmals am Tag einen neuen "ersten Schritt" auf Gott hin tun. Wenn ich dies recht bedenke, so wäre auch für mich eine Art "Stundengebet", irgend eine regelmäßige Gebetsübung, die sich über den ganzen Tag verteilt, sehr von Nutzen. Die Form muss ich für mich selber finden. Warum eigentlich versuche ich es nicht mit dem "Angelus?" Der große Vorteil dieser Gebetsübung ist doch, dass ich von außen immer wieder daran erinnert werde. Und der große Nutzen davon ist, dass ich mir regelmäßig der Grundlagen und des Zieles meines Weges bewusst werde.

Leerzeiten nutzen

Neben dem regelmäßigen Gebet zu bestimmten Zeiten gibt es noch eine andere Möglichkeit, die der Gottesbeziehung sehr förderlich ist. Es ist die Nutzung von Leerzeiten für das Gespräch mit Gott. Wenn ich manchmal Leute im Zug oder im Bus beobachte, wie sie sich anstrengen, Gespräche zu führen über alles und jedes, um die Zeit der Fahrt tot zu schlagen, dann frage ich mich, ob ich diese Zeit nicht nutzbringender in einem Gespräch mit Gott überbrücken könnte. Wenn ich dies dann wage, so vergeht die Zeit dabei eigentlich viel schneller als bei nichtssagendem Geplapper. Oder wenn ich sehe, wie in der Warteschlange vor dem Postschalter die Menschen von einem Fuß auf den anderen treten, dann bemerke ich oft, dass ich mich nur dann nicht anstecken lasse, wenn ich diese Zeit nutze, um all meine Besorgungen oder was mich sonst im Augenblick beschäftigt mit Gott zu besprechen.

"Ein Mönch wartet nicht, er betet", antwortete mir einmal ein Klosterbruder, den ich gefragt hatte, ob er schon lange auf mich warte. Das wäre die Heiligkeit, die der Hektik unserer Zeit die Stirne zu bieten vermöchte. Immer wieder warten wir auf irgend jemanden oder auf irgend etwas. Solches Warten höhlt uns aus, macht uns nervös und reizbar oder lässt uns gar auf Mitmenschen böse werden, die nichts dafür können. Ich sollte lernen, Wartezeiten mit Gott zu verbringen. Das könnte mir Ruhe und Gelassenheit in vielen Situationen meines Lebens schenken und mich erst noch weiter bringen auf meinem Weg zur Heiligkeit.

Es gibt auch noch andere Leerzeiten in meinem Leben. Zum Beispiel wenn ich müde bin und mich ein wenig aufs Sofa lege. Dann kann ich einfach nichts tun. Dann kann ich das Radio andrehen oder in der Zeitung blättern. Dann könnte ich aber auch ein wenig mit Gott reden. Oder wenn ich mich allein und einsam fühle, zum Beispiel auf dem Heimweg nach einem langen, anstrengendem Tag. Dann könnte ich mir bewusst machen, dass einer da ist, der mich begleitet, mit dem ich sprechen kann. Auch wenn ich allein im Auto unterwegs bin, nützt mir der Rosenkranz wenig, wenn er nur vom Rückspiegel herunter hängt und mich mit seinem Gebammel nervös macht. In meiner Hand und auf meinen Lippen - auch nur in meinen Gedanken - würde er mir die Fahrt auf eine Art verkürzen, die mich erst noch meinem endgültigen Ziel ein wenig näher bringt.

Am schwierigsten aber ist es, jene Leerzeiten zu füllen, in denen ich mich leer und ausgebrannt fühle, von Gott und der Welt verlassen, missverstanden und kraftlos. Wenn in solchen Stunden schon ein Gespräch mit einem Freund viel bringen kann, wenn es dann schon heilsam ist, reden zu können, wäre es dann nicht mindestens so sinnvoll, all das Gott zu erzählen. Er ist ja der, der immer zuhört. Bei Menschen haben wir oft das Gefühl, sie hörten uns im Grunde genommen gar nicht zu. Bei Gott kommt mir dieses Gefühl zwar manchmal auch, weil ich seine Art zuzuhören, seine Art zu antworten nicht begreife. Der Glaube aber sagt mir, dass ich mich dann täusche. Und die Zukunft wird mich früher oder später lehren - wie ich es schon manchmal erleben durfte - dass ich mich dann tatsächlich getäuscht habe.

Doch wie in solchen Leerzeiten mit Gott sprechen? Selbst für mich habe ich kein Patentrezept. Manchmal greife ich zum Rosenkranz. Er verbindet die Regelmäßigkeit und konkrete Form mit der Freiheit des Denkens, des Fühlens und Betrachtens. Er ist besonders nützlich, wenn es sich um längere Zeitabschnitte handelt. Manchmal genügt ein Stoßgebet, bei dem ich verweile. Manchmal versuche ich auch ganz konkret Gott zu erzählen, was ich sehe, was ich fühle, was mich ärgert oder freut. Manchmal streite ich auch mit ihm, mache ihm klar, dass mir die aktuelle Situation gar nicht passt, und merke dann, wie mich das erleichtert, wie er mich dann bei der Hand nimmt und sagt: "Schon gut, aber jetzt gehen wir weiter."

Der Sonntag

Unsere Mutter, die heilige Kirche, gebietet uns, an Sonn- und Feiertagen das heilige Messopfer andächtig mitzufeiern. Sie tut dies aus mancherlei Überlegungen heraus: wegen des darin enthaltenen Gnadenschatzes, wegen der innigen und realen Verbindung mit Christus, die uns dieses Sakrament schenkt, weil die Eucharistie Quelle und Höhepunkt des christlichen Lebens ist. Der Katechismus der Katholischen Kirche ist voll von solchen Gründen. Doch ein wichtiger Grund ist sicher die Konstanz in der Gottesbeziehung. Eines muss klar sein: Gott bedarf unseres Kirchgangs nicht. Seine Beziehung zu uns bleibt konstant und unverletzlich. Ich vielmehr habe immer wieder diesen ganz bewussten Akt des "zu Gott Gehens" nötig, damit meine Beziehung zu ihm nicht in den Sorgen und Widerwärtigkeiten des Alltags unter geht.

Eigentlich sollte ich den Sonntag viel bewusster als Tag des Herrn erleben und feiern, so etwa, wie ich den Geburtstag meiner Frau oder meiner Kinder feiere. Es ist Sein Tag in meinem Leben. Dieser Tag durchbricht meinen Alltag. Er sollte immer ein Neubeginn, ein neuer erster Schritt auf meinem Weg zur Heiligkeit werden. Dazu will mir auch die wunderbare und wirkliche Verbindung mit Gott in der heiligen Kommunion verhelfen. Dort sollte ich versuchen, jedes Mal ganz bewusst das "Du bist bei mir!" zu erleben. Das wäre der Idealzustand. Der Weg zur Heiligkeit ist die "Bewusstwerdung" Gottes in meinem Leben. Die ganze Liturgie ist ein bewusst machen, dass Gott da ist, dass er mir begegnet und ich ihm begegnen kann, wenn ich nur will. Dieses Bewusstsein sollte mich den ganzen Tag begleiten und so ausstrahlen auf die Woche, auf den Alltag, wo Gott genau so mit mir ist, wo ich genau so mit Gott sein kann, wenn ich dies nur will.

"Wie dein Sonntag, so dein Sterbetag!" sagte uns damals unser alter Herr Pfarrer im Religionsunterricht oft. Wir verstanden das vielleicht etwas einseitig formalistisch, indem wir glaubten, es genüge, die Sonntagsmesse nicht zu versäumen, um am Sterbebett einen Priester zu erhalten. Doch diese Volksweisheit hat einen viel tieferen Sinn. Wenn ich den Sonntag immer als Tag des Herrn feiern würde, dann würde sich meine Gottesbeziehung auch im Alltag immer besser entfalten, so dass ich schlussendlich vor dem Sterbetag, wie immer er auch äußerlich ausfallen mag, keinerlei Angst zu haben bräuchte. Immer größer würde dann mein Vertrauen, dass Gott aus diesem Tag ebenfalls einen Sonntag, Seinen Tag für mich, machen würde.

Dazu kommt natürlich, dass der Wert des heiligen Messopfers für mich nicht nur in diesem eher psychologischen Sinn sehr groß ist. Viel größer ist noch die Antwort Gottes auf meinen Schritt ihm entgegen. Diese Antwort Gottes in der Kraft seines Sakramentes wurde schon in vielen Büchern und Predigten beschrieben. Ich kann hier aus meiner Anfängeroptik kaum mitreden. Aber gerade als Anfänger kann ich immer wieder erleben, wie dieses Wechselspiel von Gnade Gottes und meiner Antwort darauf mir immer neu die Kraft Gottes für neue Antworten meinerseits schenkt. Selbstverständlich ist dies kein linearer Prozess. Meine Schwächen, meine Fehler und Sünden, meine körperliche und psychische Verfassung, aber auch die effektiven oder meist nur vermeintlichen Fehler anderer bringen immer wieder Sonntage mit sich, die weit entfernt sind von diesem Ideal, die mir anscheinend auf dem Weg zur Heiligkeit nichts bringen oder mich gar zurückwerfen. Dann wird die Konstanz, das Durchhalten, zur Brücke, solche Tiefs zu überwinden.

Der Sonntag kann für mich also mein Tag für Gott wie Gottes Tag für mich werden. In diesem Gedanken zeigt sich auch sehr schön der Begriff "Beziehung zu Gott" als etwas Gegenseitiges, als ein Eingehen des einen auf den anderen, selbst wenn zwischen mir und Gott Welten stehen. Er schenkt mir seinen Tag, damit ich ihm meinen Tag schenken kann. Und wenn ich diesen Gedanken weiterspinne, dann bin ich wieder dort, wo der Sonntag in meinen Alltag hineingreift, wo dann langsam auch der Alltag zum Sonntag wird, damit mein Sterbetag ebenfalls Sonntag, Tag des Herrn für mich werden kann.

Die Anbetung

Als Anfänger denke ich noch relativ oft ans Beten. Was ich dabei aber sehr oft vergesse, ist die Anbetung. Dabei ist gerade die Anbetung ein wichtiger Schritt auf meinem Weg des Glaubens und damit auf dem Weg zur Heiligkeit.

Beten heißt, mit Gott sprechen, wobei dies nach meiner Erfahrung für den Anfänger doch zuerst einmal zu Gott sprechen heißt. Dieses "zu Gott sprechen" ist sehr wichtig, in all seinen Formen. Es schafft auf meiner Seite die Voraussetzung für die Antwort Gottes. Es ist das Öffnen des Ackers für das Sprechen Gottes zu mir. Dass damit - wie überall - auch gewisse Gefahren verbunden sind, insbesondere die Gefahr der Einseitigkeit, worin ich vor lauter selber sprechen Gott nicht mehr zu Wort kommen lasse, ist klar. Doch darf mich das nicht hindern, zu Gott zu sprechen, denn nur so kann die Beziehung zu ihm wachsen.

Beten heißt, Gott meine Sorgen und Nöte, Bitten und Anliegen vortragen. Auch das ist sehr wichtig, nicht für Gott, der ja im voraus weiß, was ich brauche, sondern für mich, der dadurch auch all die schweren Seiten meines Lebens mit hineinnimmt in diese Beziehung. Beten heißt auch - was ich nie vergessen darf - Gott danken für alles. Alles ist sein Geschenk. Und mit Worten meinen Dank an Gott ausdrücken, leitet mich immer wieder an, dies anzuerkennen.

Anbeten aber heißt, Gott den ihm in meinem Leben zustehenden Platz zu geben. Anbeten heißt, selber sprachlos zu werden vor seiner Größe und Herrlichkeit. Anbeten bedeutet, mir bewusst zu werden, dass dieser Gott all mein Denken und Wissen, Reden und Fühlen übersteigt, um dann dankbar zu werden dafür, dass er selber uns sein Geheimnis geoffenbart hat und immer wieder offenbart, soweit dies für uns beschränkte menschliche Wesen überhaupt fassbar ist.

Beten kann ich vom Verstand her oder vom Gefühl. Anbetung aber ist nur möglich aus dem Glauben. Der Glaube ist also einerseits die Grundlage jeder Anbetung. Und gleichzeitig ist die Anbetung auch so etwas wie die Nahrung, die Stärkung und Erweiterung meines Glaubens. Denn Anbeten heißt, immer tiefer eindringen in das Geheimnis, immer offener zu werden für die Offenbarung, sich eine immer größere und weitere Sicht aneignen für das, was Gott eigentlich ist. In der Anbetung bemühe ich mich, so wie ich bin, hinzutreten vor

Gott, so wie er ist. In der Anbetung versuche ich, Gott in mir Raum zu geben, damit er in seiner Ganzheit, seinem ganzen Wesen mir begegnen kann, auch wenn dies die engen Grenzen meiner menschlichen Erfahrungskraft sprengt. In der Anbetung sollte ich leer werden, leer von all dem, was mich in mir selber gefangen hält, damit um so mehr Gott Platz bekommt in meinem Leben. Denn damit wird Anbetung zu dem Theozentrismus, der die Grundlage jeder wahren Gottesbeziehung ist. Selbstverständlich kann ich nicht erwarten, dass mir als Anfänger eine solche Anbetung auf Anhieb gelingt. Vollkommen gelingen kann sie erst in der ewigen Herrlichkeit. Doch allein schon der Versuch der Anbetung ist ein kräftiger Anstoß auf meinem Weg zur Heiligkeit.

Darum will die Anbetung immer wieder gewagt sein. Darum sollte ich immer wieder einen ersten Schritt der Anbetung tun. Und wenn ich mich frage, wo und wie beginnen, dann ist es meine Erfahrung, dass die kurze Zeit der Stille bei der heiligen Wandlung, wenn mir Leib und Blut unseres Herrn gezeigt werden, ein Ankerpunkt meiner Anbetung werden kann. Wenn ich mich hier bemühe, jedes Mal eine kurze Anbetung zu halten, dann wird Anbetung für mich immer mehr zur Gewohnheit, nehme ich immer besser auch die anderen Gelegenheiten der Anbetung wahr, die Wartezeit vor der heiligen Messe zum Beispiel, die Danksagung danach. Dann wird mit der Zeit die Anbetung zur Selbstverständlichkeit, jedes Mal, wenn ich eine Kirche betrete. Dann werde ich auch immer öfter eine Kirche zur Anbetung betreten. Und manchmal gelingt es dann sogar, diese Anbetung hineinzunehmen in den Alltag, zum Beispiel mit dem Stoßgebet: "Ich bete Dich an, Herr Jesus Christus und sage Dir Dank, denn durch Dein heiliges Kreuz hast Du die ganze Welt erlöst."

Die Schriftlesung

Ein anderer konkreter Schritt auf dem Weg zur Heiligkeit kann für mich die Lesung der Heiligen Schrift werden. Selbstverständlich gibt es auch viele andere Schriften, die mir diesen Weg erleichtern. Die Bibel aber ist und bleibt das zentrale Buch auf diesem Weg, auch für den Anfänger. Nicht umsonst nennen wir die Bibel das Wort Gottes. Wenn ich allzu oft glaube, Gott nicht zu hören, wenn ich zu ihm rede und keine Antwort vernehme, dann müsste mir eigentlich mein Glaube sagen, dass diese Bücher des Alten und Neuen Testamentes die Antwort Gottes an mich sind. Noch aus einem anderen Grund nennen wir diese Bücher das Wort Gottes. Sie enthalten nämlich nicht einfach das, was Gott irgendeinmal irgendwo gesagt oder getan hat. So interessant zu wissen dies auch sein mag, entscheidend für mich und meinen Weg ist, was Gott mir hier und heute sagt. Der Glaube sagt mir, dass die Schrift für mich das real anwesende Wort Gottes ist. In ihr spricht mich die geheimnisvoll aber wirklich gegenwärtige zweite Person der Heiligsten Dreifaltigkeit direkt an. Der

Heilige Geist will mir dabei helfen, dieses Wort anzunehmen, auch wenn ich nicht direkt verstehe.

Wenn ich glaube, dass Gott mein Wissen, meinen Verstand und mein Gefühl übersteigt, dann kann ich auch an die Heilige Schrift herangehen als an etwas, das mich grundsätzlich übersteigt. Ich habe erlebt, dass dort, wo ich alles genau verstehen wollte, mich diese Bücher oftmals fast abschreckten. Jedes Mal aber, wenn ich versuche, Gott durch dieses Buch einfach zu mir sprechen zu lassen, dann bleibt zwar manches, oft sogar vieles, unklar und im Augenblick vielleicht unbedeutend für mich. Aber ich weiß, Gott spricht mich an. Irgendwann wird auch dieses Wort, das ich heute erhalte, zum Anruf Gottes für mich, zur Antwort Gottes auf meine Fragen.

Wenn es mir gelingt, in dieser Haltung an die Heilige Schrift heranzugehen, dann wird die Bibellesung eine spannende Angelegenheit. Ich schlage das Buch auf und lasse mich überraschen, was Gott mir heute sagt. Wird es ein Wort sein, das mir den Augenblick erhellt und erleichtert? Oder ist es etwas, das mir später einmal plötzlich eine Antwort geben wird, wenn ich sie brauche? Werde ich verstehen, oder bleibt das Gelesene im Dunkeln? Werde ich einen bekannten Abschnitt völlig neu erleben, wird mir ein neuer Aspekt aufgehen oder wird meine bisherige Ansicht bestärkt und bestätigt? Wenn es mir gelingt, offen zu bleiben für das Wort Gottes, dann ist Gott auch immer für eine Überraschung gut.

Auch unsere Mutter, die heilige Kirche, legt großen Wert auf die Heilige Schrift. Ihr Gebetsschatz
stützt sich sehr stark darauf, besonders auf das
Buch der Psalmen. In der heiligen Liturgie nimmt
die Bibel einen Ehrenplatz ein. Das Evangelium ist
das Zentrum des Wortgottesdienstes. Die Ehrun-
gen, die diesem Buch zuteil werden, sollen mich
immer wieder daran erinnern, dass hier nicht einfach irgend ein Buch gezeigt wird, sondern das in
einer ganz besonderen Art personal gegenwärtige
Wort Gottes. Manchmal bin ich versucht, auch hier
in einer Art Analogie das Wort "Realpräsenz" in
den Mund zu nehmen, auch wenn ich weiß, dass
dieser Begriff eigentlich für das Allerheiligste re-
serviert ist.

Es gibt verschiedene Methoden der Bibellesung.
Die eine ist es, spontan irgendwo das Buch aufzu-
schlagen. Eine andere besteht darin, die ganze Bibel Stück für Stück, Abschnitt für Abschnitt zu
lesen. Eine dritte ist etwa ein Bibelkalender, der
mir jeden Tag einen ausgewählten Abschnitt vor-
legt, oder die Lesung der Tagestexte, die die Kirche in ihrer Liturgie vorschlägt. Alle Methoden
haben ihre Vorteile. Jede kann in einer bestimmten
Situation für mich besser sein. Eines aber ist in
jedem Fall sehr nützlich: die Regelmäßigkeit. Sie
hilft darüber hinweg, wenn mir diese Lesung -
vielleicht auch längere Zeit - nicht das bringt, was
ich mir erhoffe. Und sie schenkt mir einen Wis-
sensschatz an Gottes Wort, aus dem ich in den
unterschiedlichsten Situationen des Alltags schöp-
fen kann.

Die Weiterbildung

Die Lesung der Heiligen Schrift ist für mich eine Quelle des Wissens und der Weisheit. Sie ist das Wort Gottes an mich. Damit ich dies zuerst einmal begreife und dann richtig damit umgehe, komme ich nicht darum herum, mich in meinem Glaubenswissen zu bilden. Wir haben es bei der Lesung mit einer Wechselwirkung zu tun. Erst der Glaube ermöglicht uns das richtige Hören auf die Schrift. Das Hören auf das Wort Gottes aber stärkt und erweitert unseren Glauben. Daraus folgt, dass ein Grundwissen des Glaubens vorhanden sein muss, wenn ich überhaupt auf das Wort Gottes hören will. Dieses Grundwissen aber vermittelt und schenkt uns unsere Mutter, die heilige Kirche.

Die Kirche spricht zu uns in der Katechese. Sie gibt uns Religionsunterricht. Sie spricht zu uns in der Predigt des Gottesdienstes. Sie schenkt uns eine Fülle lehramtlicher Äußerungen. Und unter diesen sticht - auch für den Anfänger - der Katechismus der Katholischen Kirche ganz besonders hervor. Wenn ich diesen zur Hand nehme, dann beginnt mir aufzugehen, dass unser Glaube ein sehr weiter, umfassender Glaube ist. Gerade als Anfänger bin ich doch immer wieder versucht, mich an das zu klammern, was ich einmal begriffen habe, und all das zu vergessen, vielleicht sogar abzustreiten, was meinen Vorstellungen nicht ganz entspricht. Hier kann mir der Katechismus eine große Hilfe sein. Er zeigt mir immer wieder, dass meine Ideen, meine Vorstellung zwar meist richtig sind, dass sie aber noch lange nicht die ganze Wahrheit darstellen, dass ich immer noch dazulernen, noch umfassender glauben kann.

Der Katechismus zeigt uns, dass Gott und seine Offenbarung alles übersteigen, was wir uns überhaupt denken und vorstellen können. Er zeigt uns immer wieder auch die "andere Seite der Wahrheit", er öffnet uns immer neue Aspekte, neue Horizonte. Es wird für mich allein nie möglich sein, die ganze Lehre der Kirche, die ganze Offenbarung Gottes auszuschöpfen. Doch ich kann erkennen, dass die Kirche einen Schatz an Weisheit und Wissen besitzt, der in all den Jahrhunderten ihrer Beschäftigung mit der Offenbarung in Liturgie, in Forschung und Lehre und im Leben ihrer Glieder, insbesondere der Heiligen, gewachsen ist und immer weiter wächst. Es wäre schade, ihn nicht zu nutzen.

Zudem zeigt die Erfahrung, dass ich allein auch leicht einmal abirren kann, dass ich etwas falsch oder einseitig verstehe, dass ich wichtige Aspekte übersehen oder in Besserwisserei entweder überbetonen oder ablehnen kann. Darum brauche ich die heilige Kirche, die mich führt, mir die Leitplanken setzt und neue Zugänge eröffnet. Der Katechismus ist ein Mittel dazu. Es gibt noch viele andere, die ich nutzen könnte, gute Bücher zum Beispiel, Vorträge und Exerzitien. Ich muss mich entscheiden, wie ich mich in meinem Glaubensleben weiterbilden will. "Stillstand ist Rückschritt" gilt auch hier.

Der Katechismus aber bleibt ein unentbehrliches Hilfsmittel.

Wie oft kommt es vor, dass ich in einem Vortrag, in einem Artikel oder gar in einer Predigt plötzlich das Gefühl habe, dass da irgend etwas nicht ganz stimmt. Dann ist die Frage, verstehe ich überhaupt richtig, was der andere sagen will, irrt er sich, habe ich mich bisher geirrt, oder sind diese verschiedenen Aussagen nur verschiedene Aspekte der gleichen Wahrheit. Der Griff zum Katechismus kann mir dann sehr oft helfen, diese Frage zu beantworten. Nach meiner Erfahrung ist es meist so, dass mein persönliches Wissen, mein persönlicher Glaube dadurch reicher und weiter werden. Damit aber kann ich auch oft vermeiden, dass ich falsch über andere urteile.

Ich weiß, der Katechismus ist nicht leicht zu lesen. Er ist ein wissenschaftliches Werk. Ich kann mir sogar vorstellen, dass er bestimmte Menschen überfordern kann. Und trotzdem möchte ich ihn nicht mehr missen. Auch hier hilft die Regelmäßigkeit, die Übung, die Routine im Umgang mit diesem Buch. Ich merke langsam immer mehr, wie ich ihn in die Hand nehmen muss, wie ich suchen, wie ich finden kann. Auch wenn ich hin und wieder irgend etwas einfach so stehen lassen muss, wie es geschrieben ist, wenn ich nicht ganz schlau werde daraus und niemanden habe, der mir das erklären könnte, dann lasse ich es eben so stehen. Manchmal ergeht es mir dann wie mit der Heiligen Schrift: Später erst merke ich, was eigentlich gemeint ist. Weiterbildung heißt ja gerade nicht, bereits alles zu wissen. Ständige Weiterbildung setzt voraus, dass ich offen bin, immer mehr dazuzulernen. In diesem Sinn darf ich die "Kompliziertheit" des Katechismus auch als eine Schule der Bescheidenheit annehmen. "Ich weiß, dass ich nichts weiß." Gott schenkt Wissen und Weisheit. Und Gott schenkt sie mir so, wie ich sie für eine ganz persönliche Beziehung zu ihm brauche. Ich muss mich nur bemühen, sie anzunehmen.

Die Beichte

Ein ganz konkreter, immer wieder zu gehender Schritt auf dem Weg zur Heiligkeit ist das Sakrament der Buße, die heilige Beichte. Gerade für den Anfänger ist dies kein leichter Schritt. Er drückt sich gerne davor, besonders heute, wo die Theologen anscheinend wenig Gewicht auf dieses Heilmittel legen. In meiner Jugend war die regelmäßige Beichte noch eine Selbstverständlichkeit und das entsprechende Gebot der Kirche für die allermeisten Katholiken eine tief verwurzelte Verpflichtung. Dann begann allgemein die Wertschätzung für dieses Sakrament abzuflachen. Irgendwann überkommt jeden, der sich ehrlich auf diesen Weg macht, das Bewusstsein seiner Schuld, ein Bewusstsein, das sich nicht damit begnügt festzustellen, irgendwelche Gebote oder Verbote übertreten zu haben. Es ist jenes Bewusstsein, das mir sagt, dass mein Tun und Lassen, mein Reden und Denken Konsequenzen hat, und zwar Konsequenzen für meine Beziehung zu Gott wie auch für meine Beziehung zu den Mitmenschen. Wenn mir dieses Bewusstsein dann bestätigt, dass diese Konsequenzen die Beziehungen verletzen, vielleicht sogar zerstören, dann wächst daraus das Bewusstsein der Schuld. Solches Schuldbewusstsein kann, wenn es keinen Ausweg findet, bis in die Depression führen. Deshalb wird es von uns so gerne verdrängt oder zumindest verniedlicht. Deshalb messen wir uns auch so gerne an den Fehlern und Sünden unserer Mitmenschen, um dann festzustellen, dass unsere Schuld noch lange nicht so groß ist, wie die der anderen. Der bessere Weg aus der Schuld aber ist die Beichte, ist die Lossprechung, die im Glauben absolute Sicherheit der Vergebung.

Es ist etwas Eigentümliches mit dieser Sicherheit im Glauben. Einerseits weiß ich absolut, dass diese Schuld vergeben ist, dass ich neu beginnen kann ohne die Angst, dass sie mich früher oder später wieder einholt, dass ich früher oder später wieder mir ihr konfrontiert werde in einer Art und Weise, in der es kein Entrinnen mehr gibt, nur noch ein Versinken in diese Schuld. Andererseits aber weiß ich auch, dass diese Schuld irgendwie bestehen bleibt, dass ich alles in meiner Macht Stehende tun sollte, um die Konsequenzen dieser Schuld auszuräumen, wieder gutzumachen. Das hilft mir, mich anzustrengen, die gleiche Schuld so weit als möglich zu vermeiden. Ich kann in der Sicherheit des Glaubens meine ganze Schuld Gott übergeben. Ja, ich kann sogar die Konsequenzen meiner Schuld

Gott übergeben und auf seine Allmacht und Gerechtigkeit in der Wiedergutmachung vertrauen, und dabei doch immer tiefer bewusst werden, dass auch ich meinen Teil zu dieser Wiedergutmachung zu leisten habe. Die Beichte löscht meine ganze Schuld mit all ihren Konsequenzen. Gleichzeitig aber mahnt sie mich an meine Pflichten, auch an die Pflicht der Wiedergutmachung und daran, dass jede Pflichtversäumnis wieder eine neue Schuld begründet, weil sie eine neue Verletzung der Beziehung zu Gott und den Mitmenschen ist.

Die Pflege des richtigen Schuldbewusstseins, das für meinen Weg zur Heiligkeit bedeutsam, ja heilsam ist, lerne ich am besten durch das Sakrament der Buße. Einerseits zwingt es mich, mich ganz konkret mit meiner Schuld auseinander zu setzen, mein Tun und Lassen, mein Reden und Denken auf seine Konsequenzen für mich und andere zu überprüfen und dann auch konkret zu formulieren, andererseits kann mir das Wort des Priesters helfen, Unklarheiten zu beseitigen, falsche Gewichtungen zu korrigieren, neue Möglichkeiten zur Vermeidung erschließen, neu zu beginnen. In diesem Sinn ist gerade die heilige Beichte ein äußerst wirksamer erster Schritt, wenn ich wieder einmal stehen geblieben oder gar zurückgefallen bin.

Der Seelenführer

In den Lebensbeschreibungen großer Heiliger lesen wir oft, dass sie sich ganz und bedingungslos einem Seelenführer anvertraut haben. Für den Anfänger ist dies reichlich schwierig, besonders heute, wo es vielfach nicht einmal möglich ist, einen Beichtvater zu finden, der regelmäßig zur Verfügung steht, bei dem es zu einer gewissen persönlichen Beziehung kommt. Wäre ich weiter fortgeschritten auf meinem Weg zur Heiligkeit, so wäre mir natürlich jederzeit bewusst, dass ich in jeden Beichtvater eigentlich jenes Vertrauen haben kann, das ich in Christus den Herrn selber haben sollte. Gott selbst schenkt mir diesen Priester für mein Schuldbekenntnis. Gott selbst spricht mich durch ihn los von meiner Schuld und Sünde. Gott selbst ermahnt und stärkt mich durch dessen Wort.

Doch mir als Anfänger hilft es psychologisch sehr viel, wenn ich meinen Beichtvater kenne und er mich, wenn ich regelmäßig zu ihm kann, wenn er merkt, was ich eigentlich sagen möchte und - aus welchen Gründen auch immer - nicht, nicht richtig, nicht klar genug sage. Es hilft mir enorm, wenn er meine Fortschritte und Rückfälle bemerkt, darauf eingeht, mich immer besser mit ganz konkreten Ratschlägen begleitet. Es hilft mir sehr, wenn er mir immer mehr zum Führer auf meinem Weg, zum Seelenführer wird. Wir wissen ja, dass mein Mitmensch um so besser versteht, was ich sagen will, je besser er mich kennt. Und wir wissen auch, dass ich um so freier und offener sagen kann, was mich freut oder belastet, je besser ich den anderen kenne. Darum wäre ein Seelenführer auf dem Weg zur Heiligkeit eine äußerst wirkungsvolle Stütze und eine große Gnade. Die Anstrengung, einen solchen zu finden, würde sich lohnen.

Doch welche Eigenschaften sollte ein guter Seelenführer haben? Vieles fällt mir ein, was ich mir wünsche. Zuerst sollte er mich natürlich verstehen. Er sollte mir zuhören können und Fragen stellen, wo ich mich nicht deutlich genug ausdrücke. Er sollte gütig sein und verständnisvoll. Er sollte mich stützen, wo ich Mühe habe, er sollte mir raten, wo ich nicht mehr weiter weiß. Er sollte barmherzig sein und mich aufrichten, wenn ich niedergeschlagen bin. Doch das allein genügt nicht. Ein Seelenführer sollte auch einige Eigenschaften haben, die mir unbequem sind. Er sollte hartnäckig sein, wenn ich auszuweichen versuche. Er sollte genau sein, wenn ich einmal Fünf gerade sein lassen möchte. Er sollte den Mut haben, mir auch weniger angenehme Dinge zu sagen. Er sollte mir Leitplanken setzen, wo ich lieber etwas abweichen möchte. Und er sollte mich fordern, wenn ich es lieber bequem habe.

Das alles unter einen Hut zu bringen, ist natürlich für einen Menschen sehr schwer. Darum muss ich ihm zu spüren geben, dass ich bei ihm mehr suche als einfach nur die Vergebung. Durch meine Art, Kritik und Anregungen entgegenzunehmen, sollte ich ihm zeigen, dass ich seine Führung wünsche. Indem ich das nächste Mal auf seine Ratschläge eingehe und über Erfolg und Misserfolg berichte, sollte ich ihm zeigen, dass ich diese schätze. Und durch meine Dankbarkeit, auch dort wo er mir

Unangenehmes zu sagen hat, müsste ich ihm zeigen, wie viel er mir wert ist.

Was aber, wenn ich keinen solchen Seelenführer finde oder wenn er mir plötzlich genommen wird? Auch diese Situation sollte ich dankbar aus der Hand Gottes annehmen lernen. Gott weiß immer, was für mich gut und nötig ist. Und vielleicht will er mir auch zeigen, dass ich an seiner Hand und an der Hand der Kirche, mich selbst führen kann und soll. Sich selber führen ist eine große Kunst. In der Betriebspsychologie wurden schon dicke Bücher darüber geschrieben, verschiedene Methoden und Hilfsmittel entwickelt. Doch entscheidend, so glaube ich, ist die Ehrlichkeit mit sich selber. So wie auch ein Seelenführer mir nur dann richtig helfen kann, wenn ich zu ihm ehrlich bin, so kann ich auch mich selber nur führen, wenn ich mich nicht selbst beschummle oder gar belüge.

Seelenführung auf dem Weg der Heiligkeit kommt mir oft vor, wie das Training des Sportlers. Jeder Spitzensportler wird einen Trainer haben. Der Anfänger kann notfalls auch selbst sein Trainingsprogramm aufbauen. In beiden Fällen ist neben der Ehrlichkeit auch die Ausdauer wichtig. Das beste Programm, die besten Ratschläge nützen herzlich wenig, wenn ich sie bei der erstbesten Schwierigkeit verwerfe. Doch mit der Hilfe eines Seelenführers sind Schwierigkeiten leichter zu bewältigen.

Haltungen

Auf meinem Weg zur Heiligkeit haben auch
äußere Haltungen eine nicht zu unterschätzende
Bedeutung. Sie sind Ausdruck einer inneren Haltung oder sollten es zumindest sein. Wenn ich sie
bewusst pflege, dann werde ich auch viel weniger
meine innere Haltung vernachlässigen. Nehmen
wir als Beispiel die Kniebeuge. Hinter einer nachlässigen Kniebeuge steht nur selten jener bewusste
Akt der Anbetung Gottes, der sie eigentlich sein
will. Darum ist es wichtig, sie immer ganz bewusst
und möglichst korrekt zu vollziehen. So kann mir
bewusst werden, wen ich damit grüße, nur so kann
daraus Anbetung werden. Dann aber wird sie auch
verhindern, dass ich anschließend einfach in die
Bank husche, mich hinsetze und auf die Dinge
warte, die da kommen sollen. Ich werde mich zuerst einmal hinknien und diese Anbetung ein wenig
ausdehnen. Und ich werde mich auch bemühen,
nicht zu knapp oder gar zu spät zum Gottesdienst
zu kommen, weil sonst diese Anbetung zu kurz
kommt. Die Kniebeuge beim Verlassen der Kirche
wird dann zum bewussten Abschied von Christus
im Allerheiligsten Sakrament.

Knien vor Gott ist also eine Haltung, die meine
innere Haltung Gott gegenüber nicht nur ausdrücken, sondern noch viel mehr stärken und festigen
kann. Knien ist Anbetung und damit Anerkennung
Gottes als Gott und Schöpfer. Doch nicht allein das
Knien kann eine solche Haltung der Anbetung

sein. Das Stehen vor Gott ist es ebenfalls. Es macht das Vater-Kind-Verhältnis zwischen Gott und mir bewusst. Ich anerkenne Gott als meinen Vater, wenn ich vor ihm stehe. Dabei sollte ich mir auch meine Mündigkeit in Erinnerung rufen. Und mündig sein vor Gott heißt, verantwortlich sein für mein Tun und Lassen, mein Reden, ja selbst für mein Denken. So will der Wechsel von knien, stehen und sitzen in der Liturgie mir die ganze Fülle meiner inneren Haltungen vor Gott immer besser entwickeln helfen.

Denn auch sitzen vor Gott muss nicht einfach Bequemlichkeit sein. Ich kann auch daraus eine ganz bewusste Haltung machen. Sitzen vor Gott will mich meiner Gebrechlichkeit erinnern, meiner Schwächen, meiner Tendenz, schnell zu ermüden. Dann darf ich mir bewusst machen, dass Gott mich so annimmt, wie ich bin. Dann darf mein Sitzen vor ihm zur Dankbarkeit werden. Sitzen vor Gott kann mich aber auch daran erinnern, dass ich immer bei Gott sein, dass ich bei ihm wohnen darf. Sitzend vor Gott darf ich mich ausruhen von der Last meiner Tage und Stunden. Sitzend vor ihm gelingt es mir oft besser, wirklich ehrlich, unbefangen und ungekünstelt mit ihm zu sprechen, vielleicht sogar mit ihm zu diskutieren, zu streiten. In einem solchen Sinn kann sogar das Liegen vor Gott, zum Beispiel in meinem Bett, zu einer Haltung werden, die mich auf dem Weg zur Heiligkeit vorwärts bringt. Ich versuche dann, mich ganz in seine Hand zu legen, meinen Geist wie meinen Körper. Ich erlaube dann meiner Seele ruhig zu werden in Gott. Ich nehme sogar mein Liegen hinein in den Versuch, immer und überall mit Gott, im Bewusstsein Gottes, zu leben.

Eine andere wichtige Haltung ist auch das Schweigen im Gotteshaus. Es erinnert mich daran, dass ich von Christus selber eingeladen, von ihm empfangen bin, dass er jetzt ganz speziell für mich hier gegenwärtig, dass er ganz besonders jetzt Ursprung, Zentrum und Ziel meines Lebens ist. Natürlich darf ich darüber nie vergessen, dass Gott mir immer nahe ist, oder wie es Paulus noch besser ausdrückt, dass ich immer und überall in Gott lebe und bin. Doch in seiner weisen Güte hat Gott uns und besonders uns Anfängern auf dem Weg der Heiligkeit diese besondere Gegenwart geschenkt. Sie macht die Gegenwart Gottes für unsere Beschränktheit viel konkreter und deshalb viel aktueller als es seine Allgegenwart je für mich sein wird.

Wenn ich das so betrachte, dann wird mir immer besser das Wechselspiel zwischen der äußeren und inneren Haltung bewusst. Es ist im Grunde nichts anderes als das Wechselspiel zwischen Leib und Seele. Je bewusster ich auf meine äußere Haltung achte, desto bewusster pflege ich meine innere. Und je bewusster ich auf meine innere Haltung achte, desto bewusster sollte ich eigentlich meine äußere leben.

Bewusster leben

Wenn ich beginne, ganz bewusst bestimmte äußere wie innere Haltungen zu pflegen, so beginne ich, ganz allgemein bewusster zu leben. Aus dieser Sicht lässt sich sagen, sich auf den Weg zur Heiligkeit zu machen sei nichts anderes, als anzufangen, bewusster zu leben.

Bewusster leben heißt zuerst einmal sich selber besser bewusst zu werden. Ich bin. Und ich bin ein ganz eigener, ganz spezifischer Mensch. Ich bin so, wie ich bin, nicht so, wie die anderen mich sehen, aber auch nicht so, wie ich mich selber gerne sehe. Mich mir selber bewusst zu machen heißt also versuchen, ehrlich zu sein mit mir selber. Das ist gar nicht so einfach. Nur allzu oft stelle ich mich besser dar als ich bin. Es gibt auch Momente, wo ich mich selber schlechter mache. Beides stört auf dem Weg zur Heiligkeit. Je besser es mir gelingt, mich so zu sehen wie ich bin, desto ehrlicher und offener kann auch meine Beziehung zu Gott werden. Deshalb gilt es zuerst einmal, meine Stärken kennen zu lernen. Ich muss mir bewusst werden, zu was ich fähig bin. Da sind meine verstandesmäßigen Stärken. Mit Ihnen kann ich mir all das zu Nutzen machen, was andere vor mir gedacht, gesagt und geschrieben haben. Sie warnen mich auch vor verhängnisvollen Trugschlüssen und Irrtümern. Daneben aber muss ich auch meine gefühlsmäßigen Stärken erkennen. Auch sie sind in einer jeden Beziehung, also auch in der Gottesbeziehung, wichtig. Mit ihnen erfasse ich vieles, was mir verstandesmäßig verschlossen bleibt. Oft sind sie auch Warnleuchten, wenn mein Verstand sich zu verrennen droht. Sie schenken vielfach eine Befriedigung, eine Ruhe, die das Wissen allein nicht zu geben vermag. Schließlich darf ich aber auch meine körperlichen Stärken nicht verkennen. Diese erst erlauben mir Haltungen vor Gott. Sie ermöglichen zum Beispiel das Fasten und das Ertragen von Leiden.

Und nicht zuletzt muss ich mir meiner Glaubensstärke bewusst werden. Sie erst macht die Gottesbeziehung möglich, vereint und verbindet all meine Stärken und Schwächen in einer bewussten Beziehung zu meinem Schöpfer. Wie die meisten anderen Stärken lässt auch sie sich trainieren. Grundlage dafür aber ist, dass ich mich meiner Glaubensstärke überhaupt bewusst bin.

Bewusst werden muss ich mir andererseits auch all meiner Schwächen. Schwächen sind um so gefährlicher, je weniger ich sie kenne. Je besser sie mir bewusst sind, um so eher kann ich die Gefahren umschiffen, die sie beinhalten. Und Schwächen habe ich, wenn ich mit mir selber ehrlich bin, auf allen Gebieten. Verstandesmäßig sind mir Grenzen gesetzt und damit auch wissensmäßig. Meine Möglichkeit, falsch zu überlegen, falsch zu verstehen, zu übersehen und zu vergessen darf ich nie außer Acht lassen. Aber auch gefühlsmäßig sind mir Grenzen gesetzt. Solche können in einem Mangel an Gefühlen bestehen, aber auch in einem Zuviel davon. Ein Mangel lässt mich schnell erkalten, ein Zuviel treibt mich hinein in Schwärmerei. Doch auch meine körperlichen Kräfte haben Grenzen. Nicht immer reicht meine Kraft für all das, was ich mir eigentlich vornehme. Nicht jeder Mensch ist gleich stark opfer- und leidensfähig. Überforderung führt schnell einmal zum Versagen. Und Unterforderung lähmt und treibt in die Bequemlichkeit.

Diese ganze Übung der Selbsterkenntnis nützt mir jedoch herzlich wenig, wenn ich mir bei all dem nicht immer mehr Gott bewusst werde. Es geht darum, dass ich immer besser erkenne, dass Gott der Ursprung, die Mitte und das Ziel meines Lebens ist. Er ist der Schöpfer. Durch ihn bin ich geworden. Durch ihn bin ich auch heute. Ja, in ihm sind und leben wir, wie Paulus es sagt. Gott ist die Mitte meines Lebens. Er ist in mir, bei mir und mit mir, hier und jetzt und überall und immer. Alles in meinem Leben sollte um ihn kreisen, nicht indem ich wie hypnotisiert auf das starre, was ich glaube, das er sei. Vielmehr kreist alles in meinem Leben um ihn, weil ich in ihm bin. Wohin ich auch sehe, wohin ich mich auch wende und was ich auch tue, mein Blick sollte überall auf ihn stoßen. Ich sollte mir immer bewusster werden, dass er meine Wege lenkt und dies um so besser tun kann, je mehr ich immer und überall auf ihn achte und höre. Dann wird es mir auch leichter, ihn als das Ziel meines Lebens zu sehen, mein Leben auf ihn auszurichten. Denn wenn ich hier und jetzt bewusst in ihm bleibe und lebe, dann werde ich auch nach meinem Er-

denleben weiter in ihm sein und leben in einer Art
und Weise, in der ich mich dessen vollkommen
bewusst bin, und die mich deshalb auch vollkommen befriedigt.

Der Verzicht

Vom Fasten zu sprechen ist heute nicht modern.
Dieses Wort hat bei vielen Menschen einen Beige-
schmack, der nicht gerade einladend ist. Darum
Verwende ich lieber das Wort Verzicht. Es tönt
positiver. Und darum geht es doch, gerade bei uns
Anfängern, dass wir auch dem Fasten einen positiven Sinn abgewinnen.

Den positiven Sinn des Verzichtens können wir
zuerst einmal ganz menschlich, sehr psychologisch
sehen. Wir alle sind immer wieder gezwungen, auf
etwas zu verzichten, das wir gerne haben möchten,
das uns aber unerreichbar oder verboten ist. Wir
können darauf auf ganz verschiedene Art reagie-
ren. Wir können traurig werden oder wütend, wir
können versuchen Gewalt anzuwenden, wir können die Gesetze missachten in der Hoffnung, nicht
erwischt zu werden, oder wir können auch ganz
einfach akzeptieren, was nicht zu ändern ist. Dieses Akzeptieren ist nicht immer einfach. Doch
auch hier kann uns die Übung sehr helfen. Wenn
ich in unwichtigeren Situationen versuche, bewusst
o.k. zu sagen, auch die positiven Seiten zu sehen,
dann fällt mir dies auch in schwierigeren Situationen immer leichter.

Nun gibt es aber noch einen weiteren Weg, eine solche Haltung zu erlangen. Ich kann versuchen, hin und wieder und endlich regelmäßig ganz bewusst zu verzichten, auch wenn ich dazu nicht unbedingt gezwungen bin. Dabei lerne ich immer mehr, die Güter abzuwägen, das Notwendige vom Wichtigen, das Wichtige vom Unnützen und das Unnütze vom Schädlichen zu unterscheiden. Wenn ich dann dieses Unterscheidungsvermögen dazu verwende, um mir auch im geistigen Bereich Klarheit zu verschaffen über das, was mir weiterhilft und was nicht, was mir hilfreich und was doch eher schädlich ist, habe ich sehr viel dabei gewonnen. Ein solcher Verzicht wird dann zu einem wichtigen Schritt auf meinem Weg zur Heiligkeit. Ich lerne dabei, die Dinge mit den Augen Gottes zu sehen, aufmerksam zu werden auf das, was aus seiner Sicht für mich notwendig, nützlich oder schädlich ist. Dann stört es mich auch nicht mehr, ihn Fasten zu nennen.

"Das Fasten des Leibes hält die Sünde nieder", betet die Kirche in der Liturgie der Fastenzeit. Auch das ist ein positiver Sinn meines Verzichts. Wenn ich übe, zu Dingen Nein zu sagen, dann hilft mir dies auch, wenn die Versuchung an mich herantritt. Wenn ich zu verzichten gelernt habe, dann fällt mir dies dann leichter, wenn mir Gott in seiner Weisheit einen Verzicht auferlegt. Solches Fasten hilft mir, wenn einmal Schmerz und Leid in mein Leben treten, wenn ich einmal auf Gesundheit und Glück verzichten muss. Gott weiß, warum dies für mich gut ist. Habe ich erst eine gewisse Übung im

Verzicht, so fällt mir dies auch in schweren Stunden leichter.

Verzicht und Fasten stärken also meine Beziehung zu Gott. Sie helfen mir, den Schöpferwillen Gottes immer besser zu erkennen und mich ihm unterzuordnen. Wenn ich dann noch erkenne, dass Fasten und gute Werke zusammengehören, so öffnet sich mir ein weiterer positiver Sinn. Ich werde dann beginnen zu fasten, zu verzichten, damit andere ebenfalls zu ihrem Recht kommen, damit andere weniger leiden. Damit breche ich auch wieder einmal aus meiner Ichbezogenheit aus. Meine Beziehung zu Gott weitet sich immer mehr auf all seine Geschöpfe aus. Ich beginne zu begreifen, dass Gott nicht nur mein Gott ist, sondern der Gott aller.

Vielleicht sollte ich auch versuchen, immer wieder mein Verzichten, mein Fasten in klingende Münze umzusetzen. Das was ich beim Essen einspare oder beim Rauchen, beim Kinobesuch oder wo auch immer, auf die Seite zu legen und dann dieses Geld einzusetzen für all die guten Werke, die ich unterstützen möchte. Ich glaube, das wäre - zumindest in den Augen Gottes - mehr, als wenn ich den Überschuss meines Kontos an die Hilfswerke überweise. Wäre ich dann nicht ein wenig wie jene arme Witwe im Evangelium, die zwar nur eine kleine Münze in den Opferstock warf, aber eine, die sie sich effektiv vom Munde abgespart hat? Natürlich soll dieser Gedanke mich nun nicht daran hindern, auch von meinem Überschuss zu spenden. Das eine tun und das andere nicht lassen, das würde wohl Gott am besten gefallen.

Das Lob Gottes

Als nach dem Krieg die neue Orgel im Münster von Osnabrück zum ersten Mal in voller Stärke erklang, so erzählte uns der Führer, begannen sich durch die Macht der Schwingungen Steine aus dem Gewölbe zu lösen. Man war gewarnt und hatte über dein Organisten ein Schutzdach errichtet und niemanden in die Kirche gelassen, so dass es keine Verletzten gab. Doch musste man das Gewölbe verstärken, bevor das Instrument wieder sein Bestes zum Lobe Gottes geben durfte.

Manchmal frage ich mich, wie manche Mauer zusammenbrechen, wie manches Gedankengebäude wohl einstürzen würde, würden wir uns wieder mehr dem Gotteslob widmen. Das Gotteslob ist eine heutzutage sehr vernachlässigte Tugend. Und doch ist sie auf meinen Weg zur Heiligkeit sehr wichtig, vielleicht sogar entscheidend. Wir haben gesehen, dass unsere Heiligkeit in unserer Gottesbeziehung besteht. Wir haben auch gesehen, dass diese Beziehung um so besser und tiefer ist, je mehr sie dem Wesen Gottes gerecht wird. Und wir haben erkannt, dass dieses Wesen Gottes unendlich, vollkommen und ewig, kurz gesagt herrlich ist. Ehre, wem Ehre gebührt. Wenn aber jemandem Ehre gebührt, dann ist das doch Gott. Warum vernachlässige ich eigentlich das Gotteslob so oft?

Gott loben kann ich in verschiedenster Art und Weise. Ganz sicher gehört der Gesang dazu, die Kirchenlieder und die heilige Liturgie. Das alles ist nicht einfach zur Verschönerung des Gottesdienstes für uns Menschen gedacht. Zuerst sollte es immer das Lob Gottes sein. Dass dieses Lob mich natürlich selber auch freuen darf, ist die Folge meiner Beziehung zu Gott. Ich freue mich, weil Gott gelobt wird. Und Gott schenkt mir das Gotteslob der anderen, der Gemeinde, des Chores zu meiner Freude und meiner Erbauung.

Gott loben kann ich aber auch im stillen Kämmerlein. Mein Beten muss ja nicht immer nur ein Bitten sein, meine Meditation nicht immer nur ein Nachdenken, meine Bibellektüre nicht immer nur Studium. Mein Herz darf immer und überall sich freuen über Gott, so wie er ist und seine Größe, seine Liebe, seine Güte, aber auch seine Gerechtigkeit und Weisheit preisen. Gott loben kann ich in jeder Situation meines Lebens, selbst im Leid und Schmerz und besonders, wenn er mir die Vergebung meiner Sünden geschenkt hat. Gott loben ist immer auch irgendwie Gott danken.

So wird das Gotteslob zu einem wichtigen Schritt der Gotteserkenntnis. Im Gotteslob machen wir uns bewusst, wer Gott eigentlich ist. Indem ich ihn ehre und mich an seiner Größe und Herrlichkeit freue, vertiefe ich meine Beziehung zu ihm. Deshalb betet die Kirche: "Du bedarfst nicht unseres Lobes, uns aber bringt es Segen und Heil!" Gottes Beziehung zu uns bleibt unwandelbar. Meine Beziehung zu ihm aber muss wachsen durch eine immer tiefere Erkenntnis seines Wesens. Wenn ich Gott lobe und preise, lerne ich weit mehr über Gott als im intensivsten Studium. Gottes Lob umfasst mich nämlich ganz, meinen Verstand wie mein Gefühl, ja sogar meinen Körper.

Gotteslob hat aber auch noch eine andere positive Wirkung. Es lässt mich immer besser meine eigene Position vor Gott erkennen. Wenn ich mich immer wieder bemühe, Gott zu loben, dann bin ich viel weniger versucht, selber groß sein zu wollen, vor den Menschen oder gar vor Gott gut dastehen zu müssen. Er, den ich lobe, wird dann größer und wichtiger als ich. Er wird in mir wachsen, ich aber werde abnehmen, wie es der heilige Paulus sagt.

Doch dass er sich dieses Lob von mir gefallen lässt, zeigt mir auch wieder meine Wichtigkeit vor ihm. Ich bin ihm so viel wert, dass ihn dieses Lob freut. Und so wird durch mein Gotteslob meine Beziehung zu Gott viel weniger einseitig, vielmehr gegenseitig, eine echte Beziehung, ein echter Schritt zur Heiligkeit.

STOLPERSTEINE

AUF DEM WEG

Der Stolz

Nachdem wir nun über die Wege zur Heiligkeit nachgedacht und uns mit einigen konkreten Schritten auf diesem Weg beschäftigt haben, wird es Zeit, sich einmal den Stolpersteinen auf diesem Weg zuzuwenden.

Der erste dieser Steine auf meinem Weg, die zu Stolpersteinen werden, ist mein Stolz. Er ist es, der mich dazu verleitet, erhobenen Hauptes durchs Leben zu gehen, nicht auf den Boden der Wirklichkeit zu achten. Mit dieser Haltung aber falle ich früher oder später ganz sicher auf die Nase. Das wird zwar immer wieder vorkommen und kann gerade für mich als Anfänger recht heilsam sein. Angenehm aber ist es auf keinen Fall.

Die meisten Stolpersteine auf meinem Weg sind nur halb so gefährlich, wenn ich sie sehe und sie als solche erkenne. Meist kann ich ihnen dann ausweichen oder über sie hinweg steigen. Wenn ich sie aber nicht sehe oder nicht beachte, dann stößt sich mein Fuß schnell einmal daran, dann werde ich rasch einmal zu Fall kommen. Darum ist das beste Mittel gegen jegliche Art von Stolpersteinen, meinen eigenen Stolz zu bekämpfen.

Stolz hat nichts zu tun mit einem gesunden Selbstwertgefühl und dem Bewusstsein meiner Stärken. Diese brauche ich, um meinen Weg aufrecht und froh gehen zu können. Der für mich gefährliche Stolz ist vielleicht besser umschrieben mit dem Begriff Überheblichkeit. Ich hebe mich über das hinaus, was ich eigentlich bin. Ich bilde mir ein, Stärken, Fähigkeiten und Tugenden zu besitzen, die ich mir bisher kaum ansatzweise angeeignet habe. Ich sehe mich im besten Licht, überzeichne meine guten Seiten und verharmlose meine schlechten. Ich bin schon jetzt der, der ich gerne sein möchte - und ganz sicher nicht so schlecht wie die anderen.

Das beste Mittel gegen den Stolz ist eine ehrliche Gewissenserforschung. Sobald ich mir wirklich bewusst werde, was ich selber alles falsch gemacht, wo ich überall versagt, gefehlt und gesündigt habe, merke ich, dass ich eigentlich gar keinen Grund habe, auf andere herabzusehen. Doch selbst, wenn ich dies erkenne, fällt es nicht leicht, von meinem Stolz loszukommen. Dieser meldet sich bei jeder noch so unscheinbaren Gelegenheit wieder. Sofort vergesse ich dann, was ich kurz zuvor noch als Fehler und Gefahr erkannt habe. Oder ich glaube, diesen Fehler bestimmt nie mehr begehen zu können - und schon habe ich ihn wieder begangen oder dann einen anderen, noch weit schlimmeren. Darum ist es so wichtig, seine Gewissenserforschung vor Gott zu machen. Das klingt selbstverständlich. Doch mein Stolz verführt mich immer wieder dazu, sie nur vor mir selber zu machen. Vor mir selber aber kann ich vernebeln, verharmlosen und verschleiern wie ich will. Vor mir selber brauche ich das Gewicht meiner Entschuldigungen nicht zu prüfen. Vor mir selber gibt es immer Gründe, die zu meinen Gunsten sprechen. Meine Fehler und Sünden mit den Augen Gottes zu sehen, ist eine Kunst, die uns Anfängern meist noch fehlt.

Deswegen aber brauche ich nicht zu verzagen. Gott kennt mich. Er weiß, dass ich ein Anfänger bin. Er weiß, was ich kann und was nicht, und beurteilt mich dementsprechend. Was er will ist, dass ich all mein Versagen und meine Fehler möglichst offen darlege und ihm zur Beurteilung überlasse. Wenn ich dann aufmerksam bin, so merke ich immer wieder, dass er selber mich Schritt für Schritt zu einer immer besseren, immer ehrlicheren und gerechteren Beurteilung meiner selbst führen will. Es ist nie ein schlechtes Zeichen, wenn ich merke, dass ich im Grunde genommen gar nicht so gut bin, wie ich meine, dass mein Tun und Lassen noch lange nicht immer dem Willen Gottes entspricht. Gefährlich wird es erst, wenn ich mir auf diese meine Einsicht und meine Demut noch etwas einbilde.

Stolz hat viele Gesichter. Wenn ich ihn unter der einen Maske erkannt habe, kommt er gewiss schon mit einer anderen daher. Es gibt aber ein gutes Mittel, ihn in jeder Verkleidung zu erkennen. Überall, wo ich versucht bin, nicht mehr auf meinen Weg zu achten, sondern den Kopf hoch zu tragen, überall, wo ich mir etwas einbilde auf das, was ich tue und lasse, da steckt er dahinter. Sobald ich das merke, müsste bei mir sofort eine Warnleuchte aufblinken: "Vorsicht Stolpersteine!"

Die Sicherheit

"Wer glaubt zu stehen sehe zu, dass er nicht falle!" Diese Warnung der Schrift gilt der Selbstsicherheit. Wie der Stolz taucht auch die Selbstsicherheit in den verschiedensten Formen immer wieder auf und ist auf meinem Weg zu Heiligkeit ein Stolperstein.

Eine dieser möglichen Formen ist die absolute Gewissheit, auf dem richtigen Weg zu sein. Ich weiß, dass mein Weg zur Heiligkeit der richtige ist. Ich weiß, dass es keinen besseren gibt. Eine solche Sicherheit aber führt schnell einmal zur Ablehnung all dessen, was ebenfalls ein Weg zur Heiligkeit sein könnte, was vielleicht der Weg des anderen ist. Sie führt auch dazu, den Augenblick zu verpassen, wo ich vielleicht selber meinen Weg ändern, eine Abkürzung nehmen müsste.

Die nächste Form falscher Sicherheit ist die Gewissheit, den Willen Gottes, eine bestimmte Bibelstelle oder was auch immer absolut richtig und vollständig verstanden zu haben. Ich darf nie vergessen, dass meine menschliche Begrenztheit gerade in meiner Beziehung zu Gott eine große Rolle spielt. Sonst laufe ich schnell Gefahr, mich auf etwas zu fixieren, allzu einseitig zu verstehen und mich innerlich zu verschließen für die ganze Größe Gottes.

Eine weitere Form der Selbstsicherheit ist die Gewissheit, gut zu sein. Ich weiß, was ich tue und leiste. Ich weiß zwar, dass ich meine Fehler und

Schwächen habe. Ich glaube aber, im Grunde genommen - oder pro Saldo wie der Buchhalter sagen würde - vor Gott gut dazustehen. Doch wer gibt mir diese Gewissheit? Mein Zeugnis über mich selber ist doch immer fragwürdig. Und vergesse ich nicht dabei, dass Gott mich ganz anders beurteilt? Gut vor Gott stünde ich dann da, wenn ich sagen könnte, ich hätte alles getan, zu was ich fähig gewesen wäre. Wer aber, insbesondere welcher Anfänger, kann das schon von sich behaupten?

Wenn ich nun merke, dass ich dem Anspruch Gottes an mich nicht genüge, dann taucht diese falsche Sicherheit sofort in einer anderen Form wieder auf. Sie heißt dann, so schlecht wie dieser oder jener bin ich nun sicher nicht. Und die scheinbar logische Folge davon ist die Gewissheit, dass Gott, der auch diesem oder jenem seinen Lohn im Himmel geben wird, ihn mir in seiner Gerechtigkeit sicher nicht wird verweigern können. Doch Gottes Gerechtigkeit ist anders. Gott misst mit anderen Maßstäben. Was er von meinem Nächsten erwartet und was nicht, das kann ich nicht beurteilen. Ob ich aber selber den Erwartungen genüge, die Gott an mich stellt, das ist die entscheidende Frage. Der andere kann noch so schlecht sein, besser werde ich dadurch ganz bestimmt nicht.

Eine weitere gefährliche Sicherheit ist es zu meinen, eine bestimmte Schwäche überwunden, einen bestimmten Fehler ausgemerzt zu haben. Das erweist sich sehr oft als fataler Trugschluss, als eine

Einflüsterung des Widersachers, um mich von den Fallstricken abzulenken, die er mir legen will. Wenn nämlich meine Vorsicht nachlässt, beginnt sich auch mein Abwehrsystem abzubauen. Plötzlich stehe ich der Versuchung wieder vollkommen unvorbereitet gegenüber. Satan wird dann nicht zögern, meine Blöße umgehend auszunützen.

Überhaupt ist jede Art von Sicherheit Satan gegenüber fehl am Platz und sehr gefährlich. Den Spruch, dass er das Weihwasser fürchte, hat er vermutlich selbst in die Welt gesetzt, um gerade uns Anfänger in falscher Sicherheit zu wiegen. Keine religiöse Praxis, keine Gebetsformel, nicht einmal das Fasten an sich kann ihn hindern, sich mir zu nähern, wenn Gott dies zulässt. Das einzige was er fürchtet, ist Gott. Der einzige Schutz vor ihm ist deshalb nur Gott. Wo ich voll auf Gott vertraue, mich öffne für die Führung durch den Heiligen Geist und immer wachsam bleibe, da habe ich die Gewissheit, ihn trotz all meiner Schwäche letztendlich zu überwinden.

Als Anfänger suche ich immer wieder Sicherheiten. Auch diese Sehnsucht hat Gott uns ins Herz gelegt. Was er damit bezweckt ist, dass diese Sehnsucht mich schlussendlich zu ihm hin führe, der meine ganze Sicherheit und Gewissheit sein will.

Die Vollkommenheit

Vollkommenheit ist hier auf Erden niemandem geschenkt, besonders nicht uns Anfängern. Oder wie es ein Prediger einmal formulierte: "Wir sind nicht auf Erden, um vollkommen zu sein, sondern um vollkommen zu werden." Vollkommenheit ist für uns das Ziel. Vollkommen werden wir einst durch die Gnade Gottes sein, wenn wir eingehen in seine ewige Herrlichkeit.

Doch gerade wir Anfänger sind immer wieder versucht, vollkommen sein zu müssen. Immer wieder falle ich in den Fehler, meine Unvollkommenheit nicht annehmen zu können. Ja ich glaube, sie nicht annehmen zu dürfen. Dadurch aber erscheint mir mein Weg schnell als schwer, wenn nicht gar unmöglich. Dann schleicht sich die Mutlosigkeit ein, der Mangel an Willen, der Zweifel an meinen Möglichkeiten und schließlich an der Kraft Gottes. Die Konsequenz davon ist, dass ich resigniere und es aufgebe, vollkommen werden zu wollen.

Wenn ich mir einmal bewusst bin, nicht vollkommen sein zu müssen, dass es vielmehr genügt, mich ehrlich zu bemühen, vollkommen zu werden, dann kann ich mich darauf konzentrieren, was ich im Augenblick tun kann, um diesem Ziel einen Schritt näher zu kommen. Eigentlich ist es wie überall in meinem Leben: Wenn ich einen Riesenberg an Arbeit vor mir sehe, der eigentlich schon erledigt sein sollte, dann vergeht mir die Lust zu arbeiten. Je weniger Freude ich aber an der Arbeit empfinde, desto schwerer geht sie mir von der Hand. Wenn ich mir jedoch bewusst mache, dass ich nicht den ganzen Berg schon heute erledigen muss, dass ich mich Schritt für Schritt durcharbeiten kann, dann kann ich ruhig und überlegt Hand anlegen.

Auch meine Vollkommenheit erscheint mir immer wieder als ein solcher riesiger Berg an Arbeit. Wenn ich mir einbilde, er müsste eigentlich schon längst abgetragen sein, dann verliere ich den Mut. Ich arbeite dann nur noch, weil ich eben arbeiten muss. Doch die Hoffnung, zu einem Ende zu gelangen, habe ich bereits aufgegeben. Darum muss ich mir immer wieder klar machen, dass Gott mir genügend Zeit schenkt, diese Arbeit zu erledigen, wenn ich sie nur anpacke, ruhig und überlegt vorgehe und den Herrn der Arbeit immer wieder um seine Hilfe bitte. Irgendwann werde ich dann plötzlich merken, dass hinter dem Berg, dort wo ich es nicht gesehen habe, er bereits ein Riesenstück abgetragen hat.

Die Verzagtheit ist die eine große Gefahr, die hinter meinem Wunsch nach schneller Vollkommenheit steckt. Die andere, ebenso gefährliche, ist, dass ich mir einrede, schon einigermaßen vollkommen zu sein. Natürlich weiß ich genau, dass ich es nicht bin, dass ich es erst in der Ewigkeit ganz sein werde. Aber mein Wunschdenken verleitet mich dazu zu glauben, ich sei doch eigentlich schon recht weit fortgeschritten auf meinem Weg.

Dann aber bin ich schnell einmal geneigt, mich zurückzulehnen und mich in meinen bisherigen Erfolgen zu sonnen. Oder es verleitet mich dazu, von oben herab auf jene zu schauen, die aus meiner Optik noch nicht so weit sind wie ich oder die anscheinend bereits vor ihrer Aufgabe resigniert haben. Beides ist sehr gefährlich. Wie bei jeder Arbeit, die termingerecht zu erledigen ist, läuft mir die Zeit schnell einmal davon. Wie oft treten unerwartete, vielleicht sogar unvorhersehbare Ereignisse ein, die den ganzen Termin gefährden können. Besser ist es, ruhig aber konstant zu arbeiten und mir vielleicht sogar einen kleinen Zeitvorsprung anzulegen als meine kostbare Zeit mit der Kritik an der Arbeit anderer zu vertrödeln.

Vollkommenheit ist es, was der Herr mir zum Ziel gesetzt hat. Er gibt mir die Zeit, die Kraft und die Mittel, dieses Ziel zu erreichen. Ich darf sie nur nicht vergeuden. Doch selbst wenn dies passiert - kein Anfänger ist je davor gefeit - kann ich gewiss sein, dass er auch damit gerechnet hat, dass er mich auch dann nicht fallen lässt, sondern alles unternimmt, damit mein Auftrag lösbar, mein Ziel erreichbar bleibt.

Formen und Formeln

Formen und Formeln sind für den Menschen und sein Zusammenleben von entscheidender Bedeutung. Unser ganzes Leben bewegt sich in solchen Rahmen. Sie schränken unseren Egoismus soweit ein, dass ein friedliches Zusammenleben überhaupt möglich wird. Wo ihnen nicht die nötige Aufmerksamkeit geschenkt wird, entstehen Missverständnisse und Spannungen. Auch in unserer Beziehung zu Gott haben Formen und Formeln eine entscheidende Bedeutung. Auch hier geben sie einen Rahmen, setzen sie Leitplanken, in denen sich diese Beziehung leichter und gewinnbringender leben lässt. Sie sind gottgewollt, nicht weil Gott ihrer bedürfte, sondern weil Gott weiß, was wir Menschen brauchen.

Zum Stolperstein aber werden Formen und Formeln, wenn sie sich verselbständigen, wenn sie einen Platz einzunehmen beginnen, der ihnen nicht gebührt, wenn sie beginnen mich daran zu hindern, eine ganz persönliche Gottesbeziehung aufzubauen. Dies geschieht immer dort, wo mir die Form, die Formeln - bewusst oder unbewusst - wichtiger werden als der Inhalt. Nehmen wir als Beispiel das Rosenkranzgebet. Diese Gebetsform gehört, neben der Liturgie und dem Stundengebet - zu den schönsten und wertvollsten die es gibt. Einerseits verbindet sie die wichtigsten Gebete unseres Glaubens in harmonischer Form. Andererseits übt sie einen wohltuenden Einfluss auf Körper und Geist aus und nicht zuletzt kommt sie unserem zutiefst menschlichen Bedürfnis nach Mystik, nach Meditation und Betrachtung besonders gut entgegen. Das alles aber kann sie nur, wenn ich nicht bei der Form, bei den Formeln stehen bleibe. Leider wird uns Rosenkranzbetern oft mit Recht vorgeworfen, wir seien lebende Gebetsmühlen. Unsere menschliche Schwachheit, unser Wunsch nach Sicherheit und unser Leistungsstreben verführen uns immer wieder dazu, den Rosenkranz zu beten, damit er gebetet ist. Ich muss mich also jedes Mal neu bemühen, in diesem sozusagen geschützten Raum von Form und Formeln Gott zu begegnen, oder besser gesagt, seine Begegnung mit mir wahrzunehmen, meine Antwort auf seine Liebe zu vertiefen.

Die andere Gefahr ist, dass ich Formen und Formeln sozusagen magische Kräfte zuschreibe. Dies geschieht meist unbewusst, manchmal sogar in bester Absicht. Wiederum ist es mein Wunsch nach Sicherheit, mein Versicherungsdenken, das mich zu solch falschen Haltungen treibt. Dabei sollte ich doch immer mehr im Vertrauen darauf leben, dass Gott das Gute wirkt, über alle Grenzen meiner Wahrnehmung hinaus. Wenn er sich dabei äußerer Formen bedient, wenn er zu unserem eigenen Wohl gewisse Formeln verlangt, dann darf ich dies dankbar annehmen. Wenn er seine Zusagen - wie zum Beispiel in den Sakramenten - daran bindet, so ist auch dies nur Gnade. Sobald ich aber versucht bin, mich auf das Zeichen mehr zu verlassen als auf die Zusage Gottes, dann sollte ich daran denken, dass Satan immer und überall und mit allen Mitteln versucht, mich von Gott zu trennen, mein Vertrauen in ihn zu zerstören.

Nehmen wir als Beispiel wieder das Weihwasser. Wie unsere heilige Kirche das Wasser, dieses Lebenssymbol in die Liturgie, ja in unser ganzes Leben hineinstellt, ist geradezu großartig. So darf für mich das geweihte Wasser immer mehr zum Zeichen meines geistigen Lebens werden. Jedes Mal, wenn ich das Weihwasser nehme, in der Kirche oder zu Hause, will es mich an den Vater erinnern, der mir das Leben geschenkt hat, das körperliche wie das geistige, der mich beschützt und begleitet. Doch wenn ich beginne, aus dem Weihwasser eine Art Lebensversicherung zu machen, wenn ich glaube, mir könne nichts passieren, weil ich es genommen habe, dann lande ich schnell einmal in einer Fahrlässigkeit den Gefahren des Leibes und der Seele gegenüber, die ganz sicher nicht Gott wohlgefällig ist. Auch der Brauch, den Verstorbenen das Weihwasser zukommen zu lassen, ist sicher sehr wertvoll. Er stellt die Beziehung zu ihnen her und zwar auf dem einzig möglichen Weg, über Gott. Damit aber sollte mir klar werden, dass es nicht das Weihwasser ist, das den Armen Seelen hilft, sondern Gott, den ich in diesem Zeichen darum bitte, der meine Offenheit für ihn dazu benützt, um auch andere offen werden zu lassen für sein Wirken, für seine Liebe zu ihnen.

Formen und Formeln sind also immer nur Hilfsmittel. Wo sie mir zu einer Art Schutzmantel werden, da perlt Gottes Wirken an mir ab wie das Wasser an der Ente. Wo ich mich aber durch sie hinführen lasse zu Gott, offen werde für ihn, sein Wirken immer weniger behindere, da wirken sie, das heißt, da wirkt Gott, was sie versprechen, was Gott versprochen hat.

Die Leistung

Wir Menschen leben heute mehr denn je in einer Leistungsgesellschaft. Was ich in den Augen meiner Mitmenschen, insbesondere meiner Vorgesetzten, bin, das entscheidet nicht zuletzt die Leistung. Die meisten von uns werden mehr oder weniger nach dem Leistungsprinzip entlöhnt. Auch in der Welt des Sportes gibt es kaum einen anderen Wert als eben diese Leistung. Als Anfänger auf dem Weg zur Heiligkeit bin ich nun oft versucht, dieses Leistungsprinzip auch auf mein Streben nach Heiligkeit anzuwenden.

Da ist zum Beispiel das Gebet. Wie oft glaube ich doch, daraus eine Leistung machen zu können, die Gott zu honorieren hat. Wie oft rechne ich mir - und manchmal sogar Gott - vor, wie viel ich schon wieder gebetet habe, und weiß dann auch, was Gott mir dafür schuldet. Wie gerne sonne ich mich im Gedanken, mit meinem Beten Gott einen Dienst erwiesen zu haben, Sünder bekehrt, ihre Schuld gesühnt, Unheil abgewendet oder zu Gottes Größe, seinem Triumph etwas beigetragen zu haben. Die "logische" Schlussfolgerung ist dann natürlich, dass Gott mich dafür zu belohnen hat. Selbstverständlich erwartet Gott von mir, dass ich bete, dass ich viel, ja dass ich immerzu bete. Er erwartet auch, dass ich ihn bitte, für mich und die anderen. Er erwartet von mir, dass ich sein Lob auf Erden mehre. Aber er erwartet dies nicht als Vorleistung für seine Gnade und Barmherzigkeit. Er erwartet dies von mir aus Dankbarkeit und Liebe. Er schenkt mir und allen ja immer alles, was wir brauchen, ohne irgend eine Vorleistung von mir. Ich muss mich nur durch mein Beten immer wieder öffnen, damit er mit all seinen Gaben überhaupt bei mir ankommen kann.

Ähnliches lässt sich auch von anderen Übungen der Frömmigkeit sagen, von der Buße zum Beispiel oder vom Almosengeben. Nichts ist bei Gott eine Leistung, mit der ich mir bei ihm etwas kaufen könnte. Es gibt keine menschliche, weder eine materielle noch eine geistige Währung, mit der ich Gott irgend etwas bezahlen könnte. Auf der einen Seite ist alles sein Geschenk an mich. Auf der anderen Seite sind all diese Dinge nichts mehr als meine Pflicht, meine Dankes- und Ehrenpflicht ihm gegenüber. Durch die Erfüllung dieser meiner Pflichten erweise ich nicht primär Gott einen Dienst. Er ist nicht auf mich und meine Leistung angewiesen. In seiner weisen Pädagogik gibt Gott mir diese Aufgaben. Wie die Aufgaben des Schülers nicht dem Lehrer dienen, so dienen auch die Aufgaben, die Gott mir gibt, mir zuerst einmal selber. Sie sollen mich immer mehr hinführen zur wahren Selbstverwirklichung, die ja nichts anderes ist, als die Verwirklichung des Schöpferwillens Gottes mit mir. Sie sollen mich dorthin führen, wo ich letztendlich ohne solche Aufgaben und Pflichten auskommen werde, zur ewigen Anbetung seiner Herrlichkeit.

In diesem Zusammenhang ist es wichtig, all jene Verheißungen und Versprechungen richtig zu verstehen, die an bestimmte Gebete und Übungen gebunden sind. All dies ist nichts anderes als ein Eingehen Gottes auf unsere menschliche Schwäche. Meine Menschennatur drängt nach Leistung. Resultate, messbare Erfolge sind ihr Ansporn und Bestätigung. Ich darf solche Verheißungen annehmen und glauben, solange ich mir bewusst bleibe, dass Gott mit den angeordneten Übungen nichts anderes bezweckt, als mich zu einer noch größeren und besseren Öffnung ihm gegenüber zu führen. Es sind für mich Trainingsanleitungen. Der Erfolg wird nicht ausbleiben. Der ganze Erfolg aber basiert nicht so sehr auf meinem Fleiß als auf den Gaben, die er mir als Voraussetzungen schon längst mitgegeben hat. Dann werde ich mir auch bewusst bleiben, dass all das nicht einfach magische Formeln sind, dass es nicht zuerst auf Form und Anzahl ankommt, sondern viel mehr auf mein Vertrauen, das in einem tiefen Glauben und einer noch größeren Liebe wurzeln sollte.

So sollte ich auch meinen Einsatz für Friede, Gerechtigkeit und Bewahrung der Schöpfung sehen, mein Wirken in der Öffentlichkeit, meine Dienste in der Kirche. Wenn ich all das getan habe, so habe ich nur meine Pflicht erfüllt, und dass dies überhaupt möglich war, verdanke ich auch noch Gott, meinem Schöpfer. Dass ich in all dem eine immer tiefere Beziehung zu Gott haben kann, dass ich dabei immer wieder seine Liebe erfahren und erwidern darf, das sollte mir Lohn genug sein. Ein hohes Ziel für den Anfänger! Aber es lohnt sich!

Das Wissen

Noch nie in der Geschichte der Menschheit gab es eine solche Ansammlung von Kenntnissen und Wissen auf allen Gebieten der Wissenschaft und Technik wie heute. Und doch ist dadurch weder der Umgang unter uns Menschen noch unser Verhalten der Schöpfung gegenüber wesentlich besser geworden, im Gegenteil. Fast ist man versucht zu sagen: "Die Methoden haben sich zwar verfeinert, der Egoismus der Einzelnen wie der Gruppen aber ist um so größer geworden." Doch urteilen wir nicht über andere! Wenn ich mich selber ehrlich genug beobachte, dann merke ich, dass Wissen und Kenntnisse auch aus mir keinen besseren Menschen machen, nicht einmal mein Wissen über Gott, den Glauben und die Gebote. Erst wenn ich mein Wissen im rechten Sinn, nach dem Schöpferplan Gottes, ein- und umsetze, wird es auf meinem Weg zur Heiligkeit nützlich.

Wenn mir dies bewusst ist, dann wird mir auch rasch klar, dass zu viel Wissen oftmals sogar ein Stolperstein sein kann. Richtig umsetzen kann ich nur, was ich auch richtig verstanden habe. Um zu verstehen, muss ich aber mein Wissen verarbeiten, prüfen und werten und die verschiedenen Elemente in ihrem Zusammenhang sehen. Hier kommt es nun nicht darauf an, dass ich möglichst viel weiß, sondern dass ich aus all meinem Wissen das Entscheidende heraus zu filtrieren vermag. Dies aber fällt um so schwerer, je mehr Wissen ich angehäuft habe. Selbstverständlich ist Wissen sehr wichtig. Nie aber darf ich meine eigenen Grenzen außer Acht lassen. Nie darf mir Wissen zum Selbstzweck werden, nie darf ich glauben, mein Wissen über Gott sei schon Beziehung zu ihm.

Auch noch in einem anderen Sinn kann Wissen für mich zum Stolperstein werden. Wissen verleitet schnell einmal dazu, mich auf das, was ich weiß, zu fixieren und mich dann für andere Wesenszüge Gottes zu verschließen. Es ist wie in einer Beziehung zu meinem Nächsten. Wenn ich genau weiß, was und wie jener ist, wie er denkt und fühlt und reagiert, dann kann ich gar nicht mehr merken, was er sonst noch ist, wie er tatsächlich reagiert, was er mir effektiv sagen möchte. Ich habe dann keine Beziehung zu seiner Person, sondern nur zu dem Bild, das ich mir von ihm mache. Ganz ähnlich ist es auch in meiner Beziehung zu Gott. Je genauer ich zu wissen glaube, wer er ist, je mehr ich mich auf das fixiere, was ich im Augenblick über ihn weiß, desto weniger merke ich, wer er tatsächlich ist, wie er auf mich reagiert beziehungsweise wie er mir mit seinem Handeln zuvorkommt, was er mir effektiv und in der augenblicklichen Situation sagen will. Ich baue mir dann eine Beziehung zu einem Bild, aber nicht zu Gott auf. Und eine solche Beziehung ist statisch, kann sich nicht mehr weiter entwickeln. Damit aber blockiere ich mich selber auf meinem Weg zur Heiligkeit.

Manchmal frage ich mich, ob Gott nicht gerade deshalb nicht nur ein einziges, sondern vier Evangelien schreiben ließ, damit wir uns weniger auf die geschichtlichen Fakten und den genauen Wortlaut des Textes stützen, als auf die heilsgeschichtliche Realität, auf das, was die Menschwerdung unseres Herrn, sein Leben und Wirken, sein Tod und seine Auferstehung für mich ganz persönlich bedeuten. Nur dann ist es mir möglich, immer wieder neue Aspekte der gleichen Wahrheit zu entdecken, in jeder Lebenslage den richtigen, ganz persönlichen Zugang zu Gott zu finden.

Zuviel Wissen verleitet auch sehr gerne zum Stolz. Solange ich weiß, dass ich nichts weiß, ist es viel einfacher, Bescheidenheit zu üben. Wenn ich merke, wie mangelhaft mein Wissen ist, schaue ich nicht so oft auf andere herab. Wenn mir bewusst wird, wie wenig ich eigentlich über Gott weiß, fällt es mir auch leichter, ihm gegenüber dankbar und bescheiden zu bleiben. Was ich an Wissen und Erkenntnis besitze, ist nicht mein Verdienst. Wie weit er sich mir offenbart, wie weit er für mich den Schleier seines Geheimnisses lüftet, ist sein Geschenk, seine Gnade.

Erst wenn sich mein Wissen mit Bescheidenheit und Offenheit paart, kann daraus Weisheit werden. Und nur auf der Weisheit kann eine echte Gottesbeziehung wachsen. Nicht das Maß an Wissen ist entscheidend für die Weisheit und damit für die Gottesbeziehung, sondern das Maß meiner Offenheit und Bescheidenheit.

Erscheinungen, Botschaften, Wunder

Alles ist Gnade, alles ist Geschenk an mich, das Alltägliche wie das Außerordentliche, also auch Erscheinungen, Botschaften und Wunder. So wie ich das Alltägliche dankbar aus Gottes Hand annehmen darf, so darf ich auch alles Wunderbare entgegennehmen als Zeichen seiner Liebe, als Mittel zu meiner Heiligung, als Mahnung und Belehrung, die er mir in seiner weisen Pädagogik zukommen lässt. Doch darf ich dabei nie vergessen, dass gerade das Außerordentliche, das Wunderbare auch Stolpersteine enthält, denen ich sorgfältig ausweichen muss, um nicht plötzlich auf der Nase zu liegen.

Zum einen muss das Außerordentliche eben immer außerordentlich, wunderbar bleiben. Wo Erscheinungen, Botschaften und Wunder zur Hauptsache meines Lebens werden, da vernachlässige ich den Alltag, da wird schnell der ganz alltägliche Weg, zu dem ich eigentlich berufen bin, weniger wichtig. Dann beginne ich Dinge zu vernachlässigen, die meine eigentliche Aufgabe wären, mein Umgang mit meinen Mitmenschen zum Beispiel, mein Verhältnis zu meinen täglichen Pflichten, die ganz normalen Gottesdienste und so weiter. Doch nicht um Zeichen und Wunder zu erleben, bin ich auf Erden, sondern um im Alltag Gottes Willen zu erfüllen.

Zum anderen verleitet mich das Außerordentliche dazu, mich selber als außerordentlich zu empfinden, als besser vielleicht, als würdiger, heiligmäßiger als jene, die solche Gnaden nicht erhalten oder nicht wahrnehmen. Ich verfalle dann in das Gebet des Pharisäers: "Ich danke Dir, mein Gott, dass ich nicht so bin wie jene, die Deinen Erscheinungen und Botschaften keine Beachtung schenken, die nicht glauben!" Das aber ist nichts anderes als eine äußerst raffinierte Versuchung Satans. Wenn ich gewürdigt werde, mit dem außerordentlichen Wirken Gottes in Kontakt zu kommen, wenn ich fähig bin, dieses zu erkennen und zu verspüren, ja wenn ich vielleicht selber in meinem Leben Wunder erleben durfte, so wird dadurch nur meine eigene Verantwortung um so größer, so sollte ich deswegen nur noch besser meine ganz alltägliche Berufung leben.

Eine weitere Versuchung, der ich in solchen Situation schnell erliege, ist es, den Äußerlichkeiten eine Wichtigkeit zuzuschreiben, die sie nicht haben. Nie darf es zum Beispiel der Seher sein, der für mich im Zentrum der Ereignisse steht. Es darf immer nur um Gott und seinen Willen gehen. Nicht das Wunder an sich darf für mich wichtig werden, sondern immer nur die Größe und Liebe Gottes und das, was er mir durch dieses Zeichen sagen will. Es bringt mir überhaupt nichts, an einem bestimmten Erscheinungsort gewesen zu sein, wenn es mir zuerst einmal darum geht, sagen zu können, auch ich sei dort gewesen. Eine Viertelstunde Anbetung vor dem Allerheiligsten wäre dann bedeutend heilsamer. Sollten nicht grundsätzlich die reale Gegenwart unseres Herrn im Allerheiligsten Sakrament und die Heilige Schrift als sein real gegenwärtiges Wort für mich immer und überall die größte Erscheinung, das wichtigste aller Wunder, die alles entscheidende Botschaft sein?

Wenn ich mich bemühe, alles von Gott her zu betrachten und mich dabei durch meine Mutter, die heilige Kirche leiten lasse, laufe ich viel weniger Gefahr, irgend etwas an solchen Erscheinungen und Botschaften allzu einseitig oder gar falsch zu verstehen, falsche Schlüsse daraus zu ziehen und in Irrtümern zu landen. Sehr oft nämlich sind solche Botschaften gar nicht so leicht zu verstehen. Und die Versuchung, selber verstehen zu wollen, ist gerade in diesem Bereich sehr groß. Nicht umsonst legte unsere Kirche diesbezüglich immer eine große Zurückhaltung an den Tag. Besonders aber dort, wo irgend welche Vorhersagen oder gar Endzeit-Prophezeiungen ins Spiel kommen, muss ich mir immer bewusst bleiben, dass mein beschränkter Verstand meist gar nicht in der Lage ist, diese richtig und in ihrer ganzen Bedeutung zu erfassen.

Überall aber, wo Gott wirkt, da ist auch Satan nicht ferne. Er wird immer versuchen, das Wasser auf seine Mühlen zu leiten, sei es, dass er selber zu Täuschung und Betrug greift, gutgläubige Menschen verwirrt, Erscheinungen, Botschaften und Wunder vortäuscht, sei es, um den menschlichen Stolz, die menschliche Schwäche auszunützen, um das echte Wirken Gottes zu entstellen oder um gutgläubige Seelen zu falschen Haltungen und

Aussagen zu bewegen. Eines seiner Ziele ist es ja, die Kirche unseres Herrn in Verruf zu bringen, zu spalten und zu zerstören. Ich muss also immer aufpassen, dass er in mir nicht einen jener nützlichen Idioten findet, der sich dazu missbrauchen lässt.

Der Eifer

"Blinder Eifer schadet nur!", heißt ein altes Sprichwort. Das gilt auch auf meinem Weg zur Heiligkeit. Habe ich einmal die Versuchung überwunden, vollkommen sein zu wollen, dann folgt schon die nächste, der Wunsch, schnell auf diesem Weg voranzukommen, schneller als mir dies möglich ist. Auch hier kann mir das Bild vom großen Berg Arbeit helfen. Wenn ich hingehe und wie wild zu schaufeln beginne, wenn ich mir kaum Zeit gönne zu essen und zu schlafen, dann komme ich anfangs recht rasch voran. Aber bald wird meine Kraft erlahmen, wird mich die Müdigkeit übermannen und ich werde mich erschöpft hinlegen. Damit aber werde ich viel mehr Zeit verlieren als ich vorher gewonnen habe. Ähnlich ist es mir auch schon ergangen. Ich nahm mir so vieles vor, begann auch voller Eifer. Aber dann holte mich meine Müdigkeit ein und ich musste meist recht massive Rückschläge einstecken. Vernünftiger wäre auch hier, den Weg zur Heiligkeit bewusst zu planen, die Kräfte einzuteilen, einen Schritt nach dem anderen zu tun.

Das würde meine Phasen der Müdigkeit erheblich abkürzen und manche Rückschläge vermeiden helfen. Der Eifer aber birgt noch eine andere Gefahr. Wenn ich unbesonnen wirke, dann überlege ich mir oft zu wenig, ob es nicht eine bessere, zeit- und kräftesparendere Möglichkeit gäbe, die gleiche Arbeit zu erledigen. Oder ich achte zu wenig darauf, ob ich das Problem überhaupt am richtigen Ort anpacke, ob ich die richtigen Werkzeuge benutze und sie auch richtig einsetze. Vielleicht vergesse ich auch, das Erreichte genügend abzusichern, damit nicht plötzlich ein Teil des Berges nachrutscht und meine ganze Mühe verschüttet. Solche Probleme tauchen auch auf meinem Weg zur Heiligkeit immer wieder auf. Als Anfänger muss ich mich zum Teil damit abfinden. Aber ich sollte sie vermeiden, soweit mir dies überhaupt möglich ist.

Falscher Eifer führt auch gerne zur Verbissenheit. Wenn ich manchmal Menschen beobachte, die sich auf irgendeine Aufgabe stürzen und sich so daran festbeißen, dass nichts und niemand mehr sie davon abbringen kann, dann weiß ich, dass das kaum gut gehen kann. Dann aber darf ich nicht vergessen, dass solches auch mir passieren kann, selbst auf meinem Weg zur Heiligkeit. Sich in eine Aufgabe zu verbeißen hat nämlich den "Vorteil", dass ich mich nicht mehr um all das zu kümmern brauche, was neben mir abläuft, was ich sonst noch alles tun sollte, wo mein Einsatz sonst noch nötig wäre. Es ist ein Schutzwall gegen allerlei Einflüsse, die mich daran hindern wollen, das zu tun, was ich will und wie ich es tun will. Leider denke ich in solchen Momenten kaum daran, einmal in den Spiegel zu schauen und mein verbissenes Gesicht zu betrachten. Ich habe ja gar keine Zeit dazu, wenn ich so verbissen bin. Sonst würde mir nämlich auffallen, dass ich dabei eher wie eine Vogelscheuche als wie eine Blume in Gottes Garten aussehe.

Blinder Eifer führt auch oft dazu, den anderen falsch zu verstehen, ihn ungerecht zu beurteilen. Wenn nur meine Ansicht die absolut richtige ist, wenn nur meine Art der Frömmigkeit und Heiligkeit zum Ziel führen kann, dann werde ich nie verstehen können, dass der Weg des anderen eben sein Weg sein könnte, der Weg, den Gott ihm zugewiesen hat, dass seine Frömmigkeit seinem Wesen vielleicht mindestens so gut entspricht, wie mir die meine, dass ich nicht andere beurteilen darf, weil nur der allwissende Gott weiß, wo sie effektiv stehen.

Eifer für die Sache Gottes, Eifer auf meinem Weg zur Heiligkeit, das erwartet Gott ganz gewiss von mir. Aber er will den rechten Eifer. Er will, dass ich dabei meinen Verstand und meine Vernunft gebrauche, die er mir dazu geschenkt hat. Er will, dass nicht ich selber Berge versetze, sondern dass ich das willige Werkzeug in seiner Hand bin, die allein Berge versetzen kann. Darum sollte mein Eifer viel mehr die Bereitschaft sein, immer und überall da zu sein, wo er mich braucht, das zu tun, was er von mir erwartet, als die Verbissenheit, selber etwas leisten zu wollen. Deshalb sollte mein Eifer zuerst einmal darin bestehen, auf seine Stimme zu hören und seinem Wirken in mir und meinem Nächsten Raum zu geben.

Die Eile

Die Zeit unseres Lebens ist kurz. Unsere Tage zerrinnen schnell, unsere Probleme drängen und unsere Pflichten und Aufgaben scheinen uns immer wieder über den Kopf wachsen zu wollen. Da bin ich immer wieder versucht, mich zu beeilen. Ich möchte meine Arbeit fertigstellen, bevor ich sie richtig begonnen habe. Diese Eile aber führt schnell zur Oberflächlichkeit, verleitet mich dazu, ungenau und unseriös zu arbeiten, mich mit halbfertigen Lösungen zufrieden zu geben. Ich schließe ab, was eigentlich noch ausgefeilt werden sollte, ich verkaufe, was eigentlich noch ausreifen müsste.

Diese Mentalität aber macht mir nicht nur im materiellen Bereich zu schaffen. Auch mein geistiges Leben ist davon betroffen. Ich beeile mich bei meinen Gebeten und geistigen Übungen. Ich beeile mich beim Lesen eines Textes, eines Buches und sogar bei der Heiligen Schrift. Auch hier führt Eile zur Oberflächlichkeit und damit zur Zerstreuung. In dieser Eile stolpere ich schnell einmal über das Wesentliche. Meine Beziehung zu Gott tritt in den Hintergrund und meine Leistung in den Vordergrund. In dieser Eile wird der Erfolg wichtig, der

Misserfolg zur Enttäuschung und zu Niedergeschlagenheit. Wenn ich mir aber Zeit lasse, Zeit zum Arbeiten und Zeit zum Beten, Zeit zum Lesen und Zeit zur Ruhe, dann leiste ich vielleicht weniger, was ich tue, tue ich aber um so besser. Ich lasse mich dann nicht unter Druck setzen und werde zufriedener. Dann aber habe ich sofort auch mehr Zeit für Gott, für meine Beziehung zu ihm, und auch für meine Mitmenschen.

Eine weitere Eile ist die Eile der Gedanken und des Urteils. Gerade unsere schnelllebige Zeit, insbesondere unsere Medien, verleiten mich immer wieder dazu, meine Gedanken abzuschließen, bevor ich sie richtig erwogen, meine Meinung zu vertreten, ein Urteil abzugeben, bevor ich mir die Dinge richtig überlegt habe. Das aber hindert mich daran, auch andere Aspekte in Betracht zu ziehen, die Umstände mit zu berücksichtigen, mich mit der Ansicht und der Absicht anderer ehrlich auseinander zu setzen. Das hält mich davon ab zu unterscheiden zwischen dem Tatbestand und der Schuld des Täters, zwischen dem Wortlaut und dem Sinn einer Aussage, zwischen dem Resultat und der Absicht einer Tat. Dabei sollte ich doch aus eigener Erfahrung wissen, wie schmerzhaft es ist, wenn andere meine Taten und Worte vorschnell verurteilen und meine Absichten verkennen. Wie oft bin ich mir doch selber keiner Schuld bewusst, auch wenn mein Verhalten, mein Tun und Lassen sicher nicht richtig, manchmal effektiv falsch oder gar sündhaft war.

Die gleiche Eile lege ich oft auch an den Tag, wenn es um Gott geht. Wie schnell gebe ich mich auch hier zufrieden mit dem, was ich einmal weiß, was mir im Augenblick als wichtig erscheint. Wie wenig gönne ich mir die nötige Zeit und Ruhe, um möglichst tief in das Geheimnis Gottes einzudringen, immer mehr über ihn zu wissen, zu einem immer tieferen und umfassenderen Glauben zu gelangen. Wenn mir schon meine Mitmenschen ein Geheimnis sind, das sich nur langsam und schrittweise vor mir öffnet, wenn ich schon im materiellen Bereich niemals die Vorder- und Rückseite der Dinge gleichzeitig sehen kann, wie viel mehr Geduld sollte ich dann aufbringen, wenn ich mich dem Geheimnis Gottes nähere. Wenn schon so viele mitmenschliche Beziehungen verletzt oder gar zerstört werden, weil wir vorschnelle - selbst sehr positive - Urteile fällen, die dem anderen nicht gerecht werden und dann zu Enttäuschungen oder gar zur Verbitterung führen, wie viel vorsichtiger sollte ich dann in meinem "Urteil" über Gott sein. Ich muss ja gar nicht zu einem abschließenden "Urteil" über Gott gelangen. Es genügt doch, wenn ich ihn jeden Tag so nehme, wie er sich mir offenbart.

Die Eile zerstört den Augenblick. Nichts aber ist für uns zeitbedingte Menschen - gerade auch in unserer Beziehung zum Ewigen - so wichtig wie dieser Augenblick hier und jetzt.

Die Bequemlichkeit

Wenn mir nun klar geworden ist, dass Eifer und Eile gerne zu Stolpersteinen werden, muss ich mir aber auch sofort bewusst werden, dass auf der anderen Seite ein anderer Stein lauert, die Bequemlichkeit. Wir alle haben es in unserem Leben gerne angenehm und bequem. Das ist durchaus legitim und unserer Beziehung zu Gott nicht von vornherein abträglich. Zum Stolperstein werden die angenehmen Seiten des Lebens erst, wenn sie mich auf meinem Weg zur Heiligkeit zu behindern beginnen. Gerade für den Anfänger ist es nicht immer leicht zu unterscheiden zwischen dem Anerkennen und Genießen der Gaben Gottes einerseits und dem Missbrauch dieser Gaben andererseits, zwischen meinem gottgewollten Erdenglück und dem, was ich selber als mein Glück betrachte. Zu zwei ganz gegensätzlichen Fehlern bin ich immer wieder verleitet. Entweder ich verachte mein irdisches Glück oder aber ich behalte mein ewiges Heil zu wenig im Auge.

Wenn ich also ein einigermaßen bequemes Leben habe - und wer könnte leugnen, dass es uns im Vergleich mit anderen Gebieten der Erde doch recht gut geht - dann darf ich dafür Gott durchaus dankbar sein uns seine Gaben genießen. Nur muss ich mir bewusst bleiben, dass dies nicht zur Faulheit ausarten darf. Ich sollte auch hier das richtige Maß behalten, wie zum Beispiel mit dem Wein. Richtig genossen ist er eine Gabe Gottes, die mein

Leben angenehmer macht, ja mich sogar nähren und stärken kann. Doch im Übermaß schadet er mir sehr. Die angenehmen Seiten des Lebens verschaffen mir die nötige Ruhe und Erholung. Im Übermaß arten sie zu Müßiggang und Faulheit aus. "Müßiggang ist aller Laster Anfang!" sagt ein altes Sprichwort. Wenn ich mein bisheriges Leben ehrlich betrachte, so hat es sich schon oft als wahr erwiesen. Müßiggang, Bequemlichkeit und Langeweile lassen meine Gedanken schnell einmal abschweifen, lassen Versuchungen an mich heran kommen und führen mich dazu, mich mit den anderen zu beschäftigen, nicht in Liebe, sondern in unnötiger, meist ungerechtfertigter oder liebloser Kritik.

Wenn ich mich aber um mein ewiges Heil bemühe - und das ist meine erste Pflicht - so darf ich deswegen doch das irdische Leben nicht gering achten. Nicht nur verschmähe ich dann Gottes gute Gaben. Ich laufe dabei auch Gefahr, meinen Nächsten zu übersehen, meine Pflichten ihm gegenüber zu vernachlässigen. Wenn ich mir selber nichts gönne, weshalb sollte ich dann sein Leben angenehmer machen? Wenn für mich die schönen Seiten des Lebens von vornherein verdächtig sind, weshalb sollte ich mich dann um sein irdisches Wohl kümmern? Dabei hat mir der Herr gerade im Hinblick auf mein eigenes Heil das Wohl meines Nächsten ans Herz gelegt. Wir sind miteinander auf unserem Weg, einem Weg, der nicht nur beschwerlich und mühsam ist, sondern auch sehr viele sonnige Abschnitte und herrliche Ausblicke schenkt.

Jeder Sportler weiß, dass er Phasen der Ruhe und Erholung braucht. Er weiß aber auch, dass sein Körper schnell einmal erschlafft, dass die Leistung sofort sinkt, wenn er in Bequemlichkeit verfällt. Dies gilt genauso im geistigen Leben. Ich brauche Phasen der Ruhe und der Erholung. Doch auch hier darf ich nicht in Bequemlichkeit verfallen. Auch hier gilt: "Stillstand ist Rückschritt!" Wenn ich also auf meinem Weg zur Heiligkeit vorwärts kommen möchte, dann muss ich mir die nötige Erholung gönnen, mich aber davor hüten, diese in Bequemlichkeit ausarten zu lassen, und zwar sowohl im geistigen wie im körperlichen Bereich. Beide gehören ja zusammen, solange wir hier auf Erden unterwegs sind. Sie beeinflussen sich gegenseitig. Sie können sich gegenseitig stärken, aber auch gegenseitig beeinträchtigen. Nicht umsonst verlangt der heilige Benedikt von seinen Mönchen: "Bete und arbeite!" Wenn ich beides in Ruhe tue, wohl überlegt und regelmäßig, wenn ich mein Leben bewusst in diesem Wechsel gestalte und nicht einfach in den Tag hinein lebe - in unnötiger Hast diesem und jenem nachrenne oder am liebsten faul zurücklehne, dann weiche ich auch viel weniger von meinem Weg zur Heiligkeit ab.

Das Reden

"Reden ist Silber - Schweigen ist Gold!" sagt ein Sprichwort. Das heißt auch, dass Reden etwas sehr Wertvolles ist. Auch unsere Sprache ist ein Geschenk Gottes. Wo nicht mehr miteinander geredet wird, da ist die Beziehung zwischen uns Menschen tot. Auch Gott gegenüber benützen wir die Sprache, um unsere Beziehung aufzubauen und zu vertiefen. Selbst Gott spricht zu uns in unserer Sprache durch sein fleischgewordenes Wort. Schweigen ist also nicht immer wertvoller als Reden. Und Schweigen kann auch zur Sünde werden, wenn ich dort schweige, wo ich reden sollte, wo ich zum Beispiel meinen Trost und meine Hilfe verweigere, wo ich meinen Nächsten nicht verteidige, wenn ihm Unrecht geschieht, oder wo ich die Frohe Botschaft nicht weiter verkünde, meinen Beitrag am Missionsbefehl unseres Herrn nicht leiste.

Noch nie in der Geschichte der Menschheit wurde so viel geredet und geschrieben wie heute. Noch nie war so viel Wissen so vielen Menschen verfügbar und noch nie waren so viele Menschen so einsam und ratlos wie heute. Wenn mir das Reden nicht zum Stolperstein werden soll, dann muss ich ganz bewusst auf mein Reden und Schweigen achten, dann muss ich mich selber kontrollieren. Und dann muss ich auch diese Fähigkeiten bewusst in meine Beziehung zu Gott einbauen.

Das Reden wird dort zum Stolperstein, wo ich rede, nur damit geredet ist. Wie oft bin ich doch versucht, irgendetwas zu sagen, nur damit auch ich etwas zum allgemeinen Geplapper beigetragen habe. Wie oft führe ich Monologe, auch gegenüber meinen Mitmenschen. Wie oft vergesse ich den Verstand und das Herz einzuschalten, bevor ich mein Mundwerk in Betrieb nehme. Nicht einmal bei meinem Beten bin ich vor dieser Versuchung sicher. Ich rede und rede und weiß am Ende nicht mehr, was ich eigentlich alles gesagt habe. Ich rede und lasse Gott nicht auch zu Wort kommen. Ich plappere meine Gebete herunter und werde so zum Ärgernis für meine Mitmenschen. Wenn ich mir besser bewusst wäre, dass ich auch für jedes unnütze Wort werde Rechenschaft ablegen müssen, wie oft würde ich dann schweigen, zuhören und überdenken!

Wie oft plappere ich auch einfach nach, was andere gesagt habe, ohne zu überlegen, ob das überhaupt stimmen kann, ohne mich zu bemühen, die Glaubwürdigkeit der Quelle zu prüfen, oder ohne mich zu vergewissern, dass ich die Dinge auch richtig verstanden habe. "Vom Hörensagen lernt man Lügen!" Über das Hörensagen verbreiten sich auch die meisten Irrtümer und Irrlehren dieser Welt. Ich sollte mir viel mehr Zeit lassen, das Gehörte und Gelesene zu prüfen und zu überdenken. Dann würde ich vielleicht nicht weniger reden, aber mein Reden wäre nützlicher auf dem Weg zur Heiligkeit, mir selber und meinen Nächsten.

Vom Reden über meinen Nächsten war schon die Rede. Wie oft lasse ich es doch dabei an der Liebe fehlen, wie oft maße ich mir ein Urteil an, das allein Gott zusteht, wie oft mache ich meinen Nächsten bei anderen schlecht. Doch wie wenig bin ich bereit zu reden, wenn es darum geht, den anderen zu verteidigen, wenn über ihn gesprochen wird, das Gute an ihm hervorzuheben, wenn er von anderen schlecht gemacht wird. Selbstverständlich habe ich immer Gründe, warum ich rede und weshalb ich schweige. Überlegen aber müsste ich mir viel mehr, wer mir diese Gründe einflüstert, ob ich dabei auf Gottes Stimme höre oder ob nicht Satan dabei die Hand im Spiel hat. Vom Reden über Gott und den Glauben gilt ähnliches. Einerseits darf ich nicht einfach alles nachplappern, was ich einmal gehört oder gelesen habe. Wie schnell kann ich dabei in Irrtum verfallen und andere in den Irrtum führen. Andererseits darf ich aber auch nicht schweigen, wo andere - vielleicht auch schweigend - mich nach dem Grund meiner Hoffnung fragen oder wo ich meinen Glauben zu verteidigen hätte, wenn er entstellt oder angegriffen wird. Das rechte Wort zur rechten Zeit ist sehr schwierig. Es wäre sogar unmöglich, wenn nicht Gott selber uns in unserer Schwachheit beistehen würde. Mein Reden mit Gott sollte darum auch immer wieder die Bitte nach dem rechten Reden in und mit dieser Welt sein.

Die anderen

Wir Menschen sind zu einer Gemeinschaft erschaffen. Keiner von uns kann absolut unabhängig und unbeeinflusst von seinen Mitmenschen leben und nie darf ich davon ausgehen, mein Tun und Lassen, mein Reden und Denken habe keinen Einfluss auf die anderen und umgekehrt. So sind die anderen denn auch außerordentlich wichtig auf meinem Weg zur Heiligkeit. Wenn sie mir trotzdem immer wieder zum Stolperstein werden, so liegt das viel weniger an ihnen als an mir selber, an meiner Haltung ihnen gegenüber, aber auch an meiner Haltung mir selber gegenüber.

Da sind einmal diejenigen, die mir auf dem Weg zur Heiligkeit weit voraus sind. Sie sind mir oft so leuchtende Vorbilder, dass es mir als beinahe unmöglich erscheint, auch nur einigermaßen an sie heran zu kommen. Wenn ich mich dadurch entmutigen lasse, dann bin ich bereits wieder über einen der Stolpersteine auf meinem Weg gefallen. Es ist nicht die Heiligkeit anderer, die Gott von mir erwartet, es ist meine eigene Heiligkeit, mein ganz persönlicher Weg, der ganz konkrete Schritt, genau das, was ich hier und jetzt tun kann, um auf diesem Weg ein kleines Stück weiterzukommen. Wenn ich mich aber durch Vorbilder verführen lasse, Dinge zu tun, zu denen ich nicht oder noch nicht fähig bin, dann stolpere ich über den anderen Stein und lande schnell einmal auf dem harten Boden der Wirklichkeit. Christen, insbesondere Heilige und solche, die es werden wollen, müssen Realisten sein, nicht zuletzt auch in Bezug auf ihre eigenen Fähigkeiten und Möglichkeiten.

Dann gibt es auch jene, die anscheinend ganz offensichtlich schlecht sind. Wenn ich da nicht aufpasse, dann stolpere ich sofort über meinen Stolz, meine Überheblichkeit. Dann benutze ich das, was ich an ihnen sehe oder von ihnen glaube, um mich selber gut zu fühlen, dann lasse ich mich ablenken von dem, was ich selber schlecht oder falsch mache, wo ich selber in die Sünde falle. Oft bin ich auch versucht, solchen Menschen aus dem Weg zu gehen, ihnen meine Hilfe zu verweigern, obwohl ich eigentlich genau spüre, wie sehr sie diese nötig hätten. Oder ich versuche, ihnen von oben herab ins Gewissen zu reden, obwohl ich doch gar nicht wissen kann, wie es in ihrem Gewissen aussieht. Gott allein kennt den Menschen. Wenn ich ehrlich bin, dann muss ich bekennen, wie oft mich gerade solche "schlechten" Menschen durch ihre Mitmenschlichkeit und Hilfsbereitschaft bereits beschämt haben. Warum vergesse ich eigentlich so oft: "Was ihr dem geringsten meiner Brüder getan habt, das habt ihr mir getan!" Wer sind denn die geringsten Brüder und Schwestern Jesu, wenn nicht gerade jene, die seiner Barmherzigkeit am meisten bedürfen?

Diejenigen aber, die mich am meisten zur Sünde reizen, sind wohl jene, von denen ich glaube, dass sie mir Böses antun. Zuerst einmal behaupte ich solches von meinen Mitmenschen oft, ohne absolut sicher zu sein, dass tatsächlich sie es getan haben und nicht irgendjemand anderes. Und falls das unwiderlegbar feststehen sollte, woher bin ich dann so sicher, dass sie es in böser Absicht taten, dass es nicht einfach ein sehr verständliches menschliches Versagen war oder dass es vielleicht sogar in allerbester Absicht geschah? Habe ich denn nicht schon zur Genüge selber erlebt, dass das, was ich selber nach bestem Wissen und Gewissen und in guter Absicht tat, beim anderen komplett falsch angekommen ist, als Beleidigung oder gar als Böswilligkeit ausgelegt wurde? Bin ich selber wirklich so unfehlbar, dass nicht auch mir ein solcher Irrtum unterlaufen könnte?

Aber auch all jene, denen ich eigentlich gar nichts vorwerfen kann, die mir einfach irgendwie unsympathisch sind wegen ihres Aussehens, ihres Auftretens, ihres Freundeskreises oder aus welchen Gründen auch immer, werden mir oft zum Stolperstein. Mein Urteil über sie ist rasch parteiisch. Ihnen gegenüber bin ich viel unbarmherziger als meinen Freunden gegenüber. Sympathie und Antipathie, so nützlich sie oft im Leben sein können, dürften mich nie zur Ungerechtigkeit oder gar Unbarmherzigkeit verleiten. Darum ist es auch so wichtig, bewusst zu leben, solche Gefühle in mir bewusst wahrzunehmen, in meinem Urteil mit zu berücksichtigen.

Die meisten Sünden gegen meine Mitmenschen begehe ich nicht in Taten, weit mehr in Worten und am meisten in Gedanken. "Aus einem bösen

Herzen kommen die bösen Gedanken!" Wenn mich die anderen immer wieder daran zu erinnern vermögen, dass ich zuerst in meinem eigenen Leben, in meinem eigenen Herzen Ordnung schaffen sollte, bevor ich andere kritisiere oder gar verurteilen darf, dann wäre ein wichtiger Schritt auf meinem Weg zur Heiligkeit getan. Stolpersteine sind die anderen immer, wenn ich nicht aufpasse. Wenn ich mir aber Mühe gebe, in rechter Art und Weise auf sie zu achten, dann werden sie mir zu sehr nützlichen Helfern.

Die Selbstsucht

Der gefährlichste Stolperstein auf meinem Weg zur Heiligkeit, das bin ich mir immer selber oder, besser gesagt, ist immer wieder meine Selbstsucht. Wie wenig frage ich mich, was ich eigentlich genau auf meinem Weg zur Heiligkeit suche. Suche ich effektiv Gott, suche ich eine Beziehung zu ihm oder suche ich nicht doch meist nur mich selber? Als Anfänger auf dem Weg muss ich mich nicht wundem, wenn die Antwort ehrlicherweise lauten muss, ich suche doch meist zuerst einmal mich. Wenn ich bete, dann erwarte ich dabei doch sehr oft irgendetwas für mich, oder doch zumindest für meine Freunde. Wenn ich Gott suche, dann suche ich doch meist nur denjenigen, der mir hilft, der mir verzeiht, der mir schlussendlich das ewige Leben schenken wird. Wenn ich mich um ein Gott wohlgefälliges Leben bemühe, wenn ich faste oder

Almosen spende, dann weiß ich doch meist sehr genau, was ich dafür erhalte. In meinem ganzen geistigen Leben achte ich meist sehr bewusst darauf, vor Gott und meinen Mitmenschen gut dazustehen. Ich selber stehe also im Zentrum meines Tuns und Lassens. Ich suche mich mehr als ich Gott suche. Ich gehöre meist zu jenen, denen Jesus sagen muss: "Sie haben Ihren Lohn bereits erhalten."

Es ist ganz klar: Wenn ich einmal so weit bin, dass ich tatsächlich nicht mehr an mich denke, wenn Gott effektiv das Zentrum meines Lebens ist, wenn selbst mein eigenes Heil nichts anderes mehr ist als eine Verherrlichung Gottes, dann bin ich am Ziel, dann ist meine Heiligkeit vollkommen. Als Anfänger auf diesem Weg darf ich mir nie einbilden, auch nur annähernd schon so weit zu sein. Das darf mich aber nicht entmutigen. Ich muss lernen, mit meiner Selbstsucht umzugehen, sie langsam aber sicher abzubauen oder besser gesagt zu wandeln in eine "Gottessucht", eine Sehnsucht nach Gott. "Er muss wachsen, ich aber abnehmen" hat der Völkerapostel dies formuliert. Immer mehr sollte ich versuchen dahin zu gelangen, wo "Ich lebe, aber nicht mehr ich, Christus lebt in mir". Dies ist ein langer Weg mit vielen Rückschlägen. Doch wenn ich ihn auf mich nehme, werde ich immer wieder spüren, dass ich doch ein klein wenig vorangekommen bin.

Mit meiner Selbstsucht umgehen zu lernen, dass heißt zuerst einmal, diese ganz bewusst wahrzunehmen, das bedeutet, den Umgang mit ihr zu üben, immer wieder zu merken, wo und wie ich wieder über diesen Stolperstein gefallen bin. Das ist nicht immer leicht. Allzu oft kleidet sich meine Selbstsucht in das Gewand der Nächstenliebe, ja manchmal sogar der Gottesliebe. Ich will nur das Beste für den anderen. Das Beste für ihn aber ist das, was mir selber auch nützt, was mich selber am wenigsten stört, was ich selber für richtig und gut halte. Ich will ja nur Gottes Willen erfüllen. Gottes Wille aber ist für mich oft nur das, was ich für mich als gut erachte, was ich glaube, nötig zu haben, wie nach meiner Ansicht die Welt aussehen müsste, wie er meiner Ansicht nach mit der "bösen" Welt umgehen müsste. Immer wieder muss ich mir die Frage stellen, was will ich und was will Gott? Was steht im Zentrum, ich selber oder er? Und dazu ist meist die Frage hilfreich, was wäre, wenn Gott etwas ganz anderes wünschen, mir meinen Wunsch abschlagen, dem anderen mehr Beachtung schenken würde als mir? Wäre ich bereit freudig "o.k., Herr" zu sagen, oder wäre ich dann enttäuscht?

Die Frage nach dem Zentrum meines Lebens ist und bleibt die entscheidende Frage auf meinem Weg zu Heiligkeit. Sie ist gleichzeitig auch die Frage nach dem Ziel meines Lebens. Dazu ist es notwendig, mich selber immer mehr aufmerksam zu beobachten. Je besser ich mich selber kenne, je aufmerksamer ich für meine eigenes Versagen, meine eigenen Fehler und Sünden werde, desto leichter fällt es mir, vom hohen Ross herab zu steigen, mein kleines Ich aus dem Zentrum heraus zu rücken und Platz zu machen für Gott. Je mehr Platz er aber in meinem Leben einnimmt, desto weiter bin ich auf meinem Weg zu ihm. Und nicht nur das. Dort wo er in mir lebt, da bin ich selber zufrieden. Dort wird mir ein Glück schon hier auf Erden geschenkt, das alles andere übersteigt. Auch wenn ich als Anfänger dies kaum ansatzweise erfahre, schon darum lohnt es sich, mich auf den Weg zu machen.

SCHLUSS UND ANFANG

Schlussgedanken

Jede Arbeit sollte irgend einmal ein Ende finden. Lange genug habe ich nun an diesem Text geschrieben. Wenn ich ihn jetzt so stehen lasse, wie er ist, bin ich mir wohl bewusst, dass er keineswegs vollständig oder auch nur einigermaßen vollkommen ist. Ich habe meine Sprache und meine Bilder verwendet. Und immer wieder merke ich, dass auch meine Sprache wandelbar ist, dass sich auch meine Bilder verändern. Ich habe immer aus der Situation heraus geschrieben. Doch die Situation von heute ist nicht die von gestern und jene von morgen wird wieder anders sein. Ich habe mich bemüht, einigermaßen allgemeinverständlich zu schreiben. Doch immer wieder merke ich, dass das, was mir gestern noch klar erschien, heute bereits wieder ergänzt, verbessert werden könnte und müsste. Einen solchen Text könnte man immer wieder überarbeiten. Doch würde sich dabei nur zeigen, dass alles menschliche Reden über das Geheimnis Gott und deshalb auch über das Geheimnis unserer Beziehung zu ihm immer nur ein Stammeln ist, dass es nie die ganze tiefe Realität auszudrücken vermag.

Irgendwie hoffe ich, dass es mir damit ergehen wird, wie mit einer Kreuzwegbetrachtung, die ich vor einigen Jahren für mich persönlich geschrieben habe. Heute würde ich sie sehr wahrscheinlich anders schreiben. Und doch hilft sie mir in der Form, wie sie nun einmal dasteht, immer wieder aufs Neue. Aus jenem Schatz, den ich mir damals gesammelt habe, kann ich auch heute noch immer wieder Neues und Altes hervorholen. Er erinnert mich einerseits an das, was mir damals wichtig war und bringt mich andererseits dazu, wieder ganz neue Aspekte zu entdecken. Wenn nun der Text, den ich heute abschließe, für mich wieder so ein Schatz wird, aus dem sich immer wieder Altes wie Neues hervorzaubern lässt, dann soll mir das genügen.

Sollte dieser Text vielleicht einmal auch irgend jemandem anderen nützlich sein, sollte auch er daraus für sich das eine oder andere auf seinen Weg zur Heiligkeit mitnehmen können, dann danke ich Gott, das er mich und mein Bemühen zum Werkzeug seiner Vorsehung werden lässt und bitte ihn, mich deswegen nicht stolz werden zu lassen.

Ein neuer Anfang

Doch wenn ich nun diesen Text abschließe und einfach so stehen lasse, dann bringt er mir noch gar nichts. Dazu muss er für mich zu einem Neubeginn werden. Ich muss mich aufraffen, nicht nur über die Heiligkeit zu theoretisieren, sondern diese Überlegungen und Gedanken auch ganz konkret in die Praxis umzusetzen. Dass das nicht ganz so einfach ist, haben wir verschiedentlich gesehen. Doch wäre die ganze Arbeit nicht der Mühe, nicht einmal das Papier wert, auf dem sie geschrieben ist, hätte sie nicht einen nachhaltigen Einfluss auf mein Leben, würde sie mich nicht tatsächlich einen Schritt weiterbringen in meiner Beziehung zu Gott. Deshalb sollte dieser Text auch immer wieder zu einem Neubeginn veranlassen, jedes Mal wenn ich ihn zur Hand nehme, jedes Mal wenn ich überhaupt an ihn denke. Wenn er in irgendeiner Schublade verstauben sollte, hätte ich meine Zeit nutzbringender anwenden können. Immer wieder werde ich, wie jeder Anfänger, eines neuen Anstoßes bedürfen, werde ich einen neuen ersten Schritt machen müssen. Gott hat mir mit dieser Arbeit ein Geschenk gemacht. Gebe er, dass es mir immer wieder helfe, den Weg zur Heiligkeit, den Weg zu ihm zu gehen.

Das Training

Besser als immer wieder neu beginnen zu müssen, wäre es natürlich, immer am Ball zu bleiben, oder, um einen anderen Begriff aus der Sportwelt zu verwenden, immer im Training zu sein. Mehrfach haben wir gesehen, wie sehr Übung, Regelmäßigkeit und Routine auch meinen Weg zur Heiligkeit erleichtern und effizienter werden lassen. Warum also nicht meine Pflicht zum Sport werden lassen? Auch Paulus spricht ja vom Wettkampf, den wir zu bestreiten haben. Und sicher wusste auch er ganz genau, dass jeder Wettkampf durch ein seriöses Training vorbereitet werden muss, wenn ich den Sieg erringen will.

Natürlich kann im geistigen Leben nicht so leicht zwischen Training und Wettkampf unterschieden werden wie im Sport. Mein ganzer Weg zur Heiligkeit ist immer beides, der Ernstfall des Wettkampfes und das Training als Vorbereitung auf den nächsten Kampf gleichzeitig. Das Leben ist kein Freundschaftsspiel, das man ruhig verlieren darf. Und doch kann mir der Gedanke an das Training helfen, viele Schwierigkeiten zu überwinden, den Kontakt zu Gott in keiner Situation abbrechen zu lassen und vorbereitet zu sein auf vielleicht noch härtere Kämpfe, die mir noch bevorstehen.

Der Trainingsplan

Am besten wäre es wohl, wenn ich mir einen ganz konkreten Trainingsplan aufbauen würde. Damit ließe sich vermeiden, dass ich einzelne hilfreiche Möglichkeiten vernachlässige. Es würde mich auch immer wieder aus meiner Bequemlichkeit aufrütteln.

Wie könnte ein solcher Trainingsplan aussehen? Er muss sich selbstverständlich ganz auf meine Fähigkeiten und meine aktuelle geistigen Fitness ausrichten. Ein solcher Plan kann auch nicht für das ganze Leben gleich bleiben. Er muss immer wieder überprüft werden. Immer wieder muss ich mich fragen: Wo sind meine Stärken, die ich nur ganz bewusst zu pflegen brauche, wo sind meine Schwächen, an denen ich ganz energisch zu arbeiten habe, wo fehlt es mir an Kraft und wo an Technik und so weiter.

Ich hoffe, dass dieser Text beim Aufbau eines Trainingsplanes immer wieder hilfreich sein wird. Eigentlich müsste ich mich nur immer wieder bei all den verschiedenen Wegen fragen, wo ich stehe. Dann könnte ich meine konkreten Schritte gezielt auf das nächste Wegstück ausrichten. Wenn ich dann noch die Stolpersteine als Checkliste verwende, um mich selbst zu kontrollieren, käme ich relativ schnell ein gutes Stück voran.

Ganz konkret

Ein solcher Plan müsste eigentlich zwei Teile haben: das tägliche Training und die Sonderübungen. Beim täglichen Training geht es zuerst um die bewusste Pflege des regelmäßigen Gebetes, um den Aufbau einer ganz bewussten Regelmäßigkeit, die ich mir möglichst nicht stören lasse. Es geht dabei um die Gestaltung des Sonntags, der Feste und der verschiedenen Zeiten im Kirchenjahr. Es geht auch um die regelmäßige heilige Beichte. Schöne Gewohnheiten, die ganz bewusst eingesetzt werden, sind eine nicht zu unterschätzende Hilfe. Und es geht auch um meinen Verzicht und meine guten Werke. Das Freitagsgebot der Kirche zum Beispiel könnte sehr bewusst zu einem tragenden Element dieses Planes werden.

Bei den Sonderübungen geht es darum, ganz konkrete Schwächen und Fehler zu bekämpfen, also genau das zu üben, was mir schwerer fällt, wo ich noch nicht auf einem genügenden Stand oder wo ich zurückgefallen bin. Gerade hier ist die ständige Anpassung meines Planes erforderlich. Deshalb müsste eigentlich in meinem normalen Plan die tägliche Gewissenserforschung eingebaut werden.

Schlussgebet

Herr, mein Gott, Du hast mir die Gnade geschenkt, mich intensiv mit dem Gedanken der Heiligkeit und meines Heils auseinander zu setzen. Du hast mir geholfen, dies ganz konkret aus dem Blickwinkel des Anfängers, der ich bin, zu tun. Schenke mir nun die Gnade, die Kraft und die Ausdauer, dies alles nicht zur Theorie verkommen zu lassen, sondern mich immer und immer intensiver zu bemühen, das alles auch einigermaßen umzusetzen, so wie es Deinem heiligen Willen entspricht und mir zum Heile dient. Denn Dein ist das Reich und die Kraft und die Herrlichkeit in Ewigkeit. Amen.

Weitere Werke vom gleichen Autor;

Gott ist katholisch   Er ist der Allumfassende
Aphorismen und Sprüche über Gott und die
Welt

2008 Books on Demand GmbH, Norderstedt

ISBN 9783837070217

auch als E-Book erhältlich

Gottes Kraft und Gottes Weisheit
Eine kleine Kreuzesmystik

2011 2008 Books on Demand GmbH, Norderstedt

ISBN 9783837070217

auch als E-Book erhältlich

http://www.stefanfleischer.ch